人生の扉をひらく「万能の鍵」

ラルフ・ウォルドー・トライン

吉田利子＝訳

サンマーク文庫

人生の意味をひらく力 新しい福音

刊行によせて――トラインとアメリカン・ドリーム

謝 世輝

本書は、一八九七年アメリカで出版されたラルフ・ウォルドー・トラインの〝In Tune with the Infinite〟(原題「無限能力者と調子を合わせる」)の新訳である。日本では一九六六年に日本教文社から刊行されているが(『幸福はあなたの心で』谷口雅春訳)、このたび『神との対話』などを手がけた吉田利子さんの訳で、装いも新たに日本のみなさまにご紹介できるのは喜ばしいことである。

この本はアメリカで出版されるやいなや百五十万部以上が売れ、また二十か国以上の国で翻訳・出版され、現在までに四百万部以上を売り上げるロングセラーになっている。

十九世紀末に出版されたにもかかわらず、百年あまりを経た今日でもなお、多くの国々で手に入れることのできる、不思議な魅力と迫力をもつ書なのである。その秘密はどこにあるのだろうか。

本書が出た十九世紀末から二十世紀初頭にかけては、「アメリカン・ドリーム」の時代であった。近代工業の発展にともなって多くの企業が急成長し、大富豪が数多く現れた。

そのような時代のなかにあって、成功哲学の古典ともいえる本書が、「アメリカン・ドリーム」の一端を担い、社会にわずかながらでも貢献したことは想像にかたくない。

ちなみに、自動車王のヘンリー・フォード（一九〇三年にフォード自動車会社を設立）は、晩年に「自分の成功はトラインの本による」と語っている。

彼は「ゼロから莫大《ばくだい》な富を築いた成功の理由は何か」と尋ねられると、「私は初めから『宇宙の無限の富』とつながっていることを知っていた。だからゼロではなかったのだ」と答えていた。

トラインは、本書で次のように述べている。

「すべての背後には『無限の生命と力のスピリット』が働いていて、このスピリットに自分を開く度合いに応じて、そのパワーが私たちを通じて現れる」

本書でたびたび登場する、この「無限の生命と力のスピリット」というトラインの言葉は、多くの日本人にとって容易に理解できないかもしれない。

しかし、この宇宙全体に生命を与え、あらゆるものを整然と動かしている「何か偉大なるもの」が働いているということは昨今の科学者も認め始めている。

中村天風は、この霊妙なる力を「宇宙霊」と呼んでいる。一方トラインは特定の宗教にこだわらずに、「無限の生命のスピリット」と呼んだのである。

すべての背後にある、この巨大な力を理性で知ることはできないし、科学的に証明することはできない。ただ、長年の体験によって、少しずつ悟っていくしかないのである。

しかし、その威力を理解し、信じることができれば、人生のあらゆる面が改善され、さらに発展させていくことができるのである。

私がトラインの本に出合ったのは一九七一年で、四十二歳のときであった。

当時、私はある大学で物理学を教えていたが、ある理由で、大胆にも専門を世界史に変えたいと思っていた。専門を変えるなど、当時としては無謀かつ無理なことされていた。

しかし、私は早くも一九七二年に注目される世界史の本を出版し、一九七八年に東海大学で世界史の教授となり、また、一九八八年に画期的な世界史の学術書を出版できた。

また世界史以外にも、私が著した人生論の本が脚光を浴びたことなど、種々の成果があった。これらは、私の体重が長年四六キロ以下であったという体力面でも悪条件のなかになされ、多くの無理を強いられたが、ついに乗り越えることができた。

これら一連のことは本書に書かれたトラインの思想に負うところが多く、トラインに厚く感謝している。

以来、私はことあるごとにトラインの本をご紹介してきた。本書の説く「見えない真理」を知れば、人生のあらゆる面において、驚くべき変化が起きるであろう。

ただし、その人の悟りの程度に応じて、人生は発展、飛躍するものである。一読のみで真理を会得することは難しく、真理が自分のものになるまで、繰り返して読むことが重要である。

また、真理を会得する（悟る）だけですべてがよくなるわけではなく、あくまでも本人の向上心と努力が必要であるということも、付け加えておきたい。

本書がみなさんの人生の糧となれば、この上ない喜びである。

（元・相模工業大学、東海大学教授／理学博士）

二〇〇四年十月

人生の扉をひらく「万能の鍵」　目次

編集協力　株式会社ぷれす
編集　斎藤竜哉（サンマーク出版）

はじめに——天国と地獄の法則

楽観主義者は正しいし、悲観主義者もまた正しい。この二つは光と闇が違うように違うが、どちらも正しい。

どちらも自分の見方、世界観からすれば正しいのだし、それぞれの人生を決定するのは、世界観なのだ。

それが、力強い人生になるか無力な人生になるか、安らかな人生になるか苦痛だらけの人生になるか、成功の人生か失敗の人生かを決める。

楽観主義者はものごとの全体や正しい関係を見る力をもっている。悲観主義者は限られた一方的な視点からしか見ない。

一方は智恵に照らされて理解し、もう一方の理解は無知で暗い。それぞれが自分のなかから世界をつくり上げるし、どんな世界ができるかを決めるのは、それぞれの世界観なのだ。

楽観主義者はすぐれた智恵と洞察によって自分自身の天国をつくり、自分の天国をつくれる者は他の人たちのための天国をつくる手助けができる。

悲観主義者は限られた世界観のために自分自身の地獄をつくり、自分の地獄をつくる者はひいては人類全体の地獄をつくるのに手を貸すのだ。

あなたもわたしも楽観的か悲観的かのどちらかである。そして**時々刻々、自分の天国か地獄をつくっているし、それに従って他の人々が天国か地獄をつくる手助けをしているのだ。**

天国（heaven）という言葉は調和を意味する。それに対して地獄（hell）とは、古英語で「まわりに壁をつくって隔てる」という意味だ。

地獄にいるとは、他の世界から締め出され閉じ込められるということ。調和するには正しい関係を結べる相手がなくてはならないのだ。何事によらず、正しい関係を結ぶことが調和するということなのだから。

そしてまた、「地獄にいる」とは、その意味からして、何かから締め出されて、隔てられているはずなのである。

宇宙を貫く最高の真実

宇宙の中心にある偉大な事実――それは、**すべての背後には「無限の生命と力のスピリット」が働いていてすべてを動かし、すべてを通じて、すべてのなかに現れている**ということである。

すべては、この自立した生命の原則から生じた。すべてが生じたばかりではなく、いまも生じ続けている。

個々の生命が存在するなら、個々の生命のもととなる限りない生命の源が存在しているはずだ。

愛という資質、愛という力が存在するなら、そのもととなる限りない愛の源が存在しているはずだし、智恵が存在するなら、そのもととなるあらゆる智恵の源が存在しているはずである。

同じことは平和にもいえるし、パワーにもいえるし、それにわたしたちが物質と呼ぶものにもいえるのである。

そうだとすれば、すべての背後にある「無限の生命と力のスピリット」はすべての源なのである。この無限のパワーが不変の法則を通じて創造し、作用し、支配している。そして、その力がわたしたちを取り巻く宇宙全体に貫かれているのだ。

日常生活のあらゆる行動も、その偉大な法則と力が律している。道端に咲く花々は偉大な不変の法則に従って芽生え、育ち、咲き、枯れていく。天と地のあいだを舞う雪のひとひらひとひらも、偉大な不変の法則に従って形づくられ、舞い落ち、消えていく……。

ある意味では、壮大な宇宙にあるのはその法則だけだともいえる。

それが真理なら、その法則の背後に何らかの力があってさまざまな法則を生み出しているはずだし、その力はさまざまな法則よりもさらに偉大なもののはずだ。すべての背後にあるその「無限の生命と力のスピリット」を、わたしたちは神と呼ぶ。

呼び方は何でもかまわない。「優しい光」でも「恩寵《おんちょう》」でも「至高の魂」でも「遍在」でも、わかりやすい言葉なら何でもいい。その偉大な中心的な事実についての理解が一致している限り、呼び方は何でもかまわない。

神とは神ご自身のみによって宇宙全体を満たすこの「無限のスピリット」なのである。

すべては神から生まれ、神のなかにあり、神でないものは何もない。したがって、わたしたちは神のなかで生命を得て、動き、存在しているわけで、神はわたしたちの生命であり、人生そのものなのだ。

わたしたちは神から生命を授けられたのだし、いまも授けられ続けている。わたしたちは神の生命の一部なのだ。

わたしたちと神は違うが、それはわたしたちが個々のスピリットであるのに対し、神はわたしたちすべてもわたしたち以外のすべても包み込む「無限のスピリット」であるからで、本質的には神の生命と人間の生命は同じひとつのものなのである。

本質的な違いがあるわけではなく、それは程度の違いにすぎない。

賢明な魂をもった人々がいて、わたしたちは聖なる流れを授けられるように神から生命を授けられたと信じていた。

一方で、わたしたちの生命は神の生命と同じで、神と人間はひとつであると信じた人々もいた。どちらが正しいのだろうか？

どちらも正しい。正しく理解するならば、どちらも正しいのである。

前者の場合。神がすべての背後にある「無限の生命のスピリット」で、すべてがそこから生じるのであれば、個々のスピリットであるわたしたちの生命ももちろんその無限の源から聖なる流れというかたちで授けられ続けているはずだ。

後者の場合。個別化されたスピリットであるわたしたちの生命が「無限の生命のスピリット」から生まれ、その一部であるなら、大海からすくった水の一滴がその源である大海と同質であるのと同じで、それぞれの生命に現れている「無限のスピリット」は、その源と同質であるはずだ。それ以外に考えられるだろうか？

ただ、後者は誤解される恐れがあるかもしれない。神の生命と人間の生命が本質的に同じだといっても、神の生命は個々の人間の生命をはるかに超え、それ以外のすべてを含んでいる。

いい換えれば、生命の本質ということに関しては同じだが、その度合いということでいえば、とてつもなく大きな違いがある。

こうして考えれば、二つの考え方がどちらも正しいことははっきりしているし、さらにいえば、どちらも同じ意味であることは明らかではないだろうか？　どちらの考え方も、同じことを表しているのだ。

とある谷間に池があって、山の中腹の尽きることのない水源からこんこんと水が流れ込んでいる。谷間の池は山の中腹の大きな水源から流れてくる水を受け取っている。

小さな池の水は大きな水源の水と本質的には同じだ。ただし、違いはある。山の中腹の水源は水の量ということでいえば谷間の池よりはるかに豊かで、谷間の無数の池に水を送ってもなお涸《か》れることがない。

人間の生命も同じである。もうおわかりかとは思うが、わたしたちはそれぞれ違いがあっても、すべての背後には「無限の生命のスピリット」――すなわちすべての生命そのものがあって、そこからすべてが生じている。

したがって、**個々の人間の生命は、わたしの生命もあなたの生命もその「無限の源」から流れ出す聖なる流れにちがいない。**

それならば個々に人間に流れ込む生命は本質的に「無限の生命のスピリット」と同じものである。ただし、両者に違いはある。それは、本質的な違いではなく、程度の違いなのだ。

そうだとすれば、人間が自分を開いて聖なる流れを受け入れる度合いに応じて、神に近づくことになるのではないだろうか。さらに、そのようにして神に近づくならば、それだけ神の力を受け取ることになる。

神の力には限りがないとすれば、人間の限界は自分自身を知らないために自分で自分に課したものということになるのではないだろうか。

人生をつかさどる最高の真実

先にお話しした宇宙の中心にある偉大な事実、つまりすべての背後に「無限の生命のスピリット」があって、そこからすべてが生じるという事実。そこから生まれるのは、人生の中心にある偉大な事実とは何かという問いかけである。

これについての答えは、その前提を考えればすぐにわかるだろう。

人生の偉大な中心的な事実、あなたの人生やわたしの人生の偉大な中心的な事実とは、**わたしたちがこの「無限の生命」とひとつであることに気づき、肝に銘じて、充分に自分を開いて聖なる流れを受け入れることだ。**

これが人生の偉大な中心的な事実であり、すべてはここに含まれるし、すべてはここから始まる。

どこまで意識して「無限の生命」とひとつになれるか。この聖なる流れにどこまで自分を開けるか。その度合いに応じて、わたしたちは自分のなかにある「無限の生命」の資質と力を実現することができる。

これは、はたしてどういうことなのか?

単純なことだ。かつて世界の歴史に現れたすべての預言者や賢者、救世主たちがそうしたように、それにまたほんとうに力強い偉大な人たちがそうしたように、わたしたちも真の自分を認識し、偉大な法則や力と調和した暮らしをして、偉大なインスピレーションに向かって自分を開くということである。

このことを認識し、自分自身を「無限の源」と結びつける度合いに応じて、**より偉大な力がわたしたちを通じて働き、作用し、目に見えるかたちで現れるようになる。**

わたしたちは——多くの人たちがそうなのだが——無知によってこの聖なる流れ、より偉大な力に自分を閉ざし続け、その力がわたしたちを通じて現れるのを邪魔し、妨げていることがある。

また、その力の働きに対して意図的に自分を閉ざし、本来は人間に与えられている力を自ら投げ捨ててしまうこともある。

そうではなくて真の自分自身と「無限の生命」とがほんとうにひとつになり、自分を充分に開いて聖なる流れを受け入れ、偉大な力やインスピレーションの働きを促し、「神の人（ゴッドマン）」という言葉に真にふさわしい存在になることもできる。

では、「神の人」とはどのような人なのだろうか？　それは、人間ではあっても、その人を通じて神の力が現れる、そういう人のことだ。

男女を問わずそのような人に対しては、誰も制限を加えることはできない。そのような人にとっての制限は、自らが課すものだけだから。

ほとんどの人にとって、制限要素のいちばん大きなものは無知である。そのために人類の大多数の人たちは、小さく萎縮した暮らしを続けている。それもみな、本来与えられているもっと大きな生命（人生）を知らないからなのだ。その人たちはほんとうの自分をまだ知らない。

人類はまだ、真の自分が神の生命とひとつであることを充分に認識してはいない。その無知がゆえに、自分を聖なる流れに開こうとせず、自分を通じて無限の力が実現するようには仕向けていない。

わたしたちが自分をただの人間だと考えて生きている限り、人間としての力しかもつことはできない。自分が「神の人」であると気づき、そのとおりに生きれば、わたしたちは「神の人」のパワーをもつことになる。

この聖なる流れに自分を開く度合いに応じて、わたしたちはただの人間から「神の人」へと変化するのだ。

ある友人のことだが、彼は蓮の咲く美しい池をもっている。彼の土地にある――彼はその土地を農場と呼んでいるが――天然の池で、そこには遠くの山々から泉の水が流れ込んでくる。池には水門があって、水源からの流れを調節している。

そこは神々しいほどに清らかな場所で、いかにも夏らしい日々が続くころ、澄み切った水面には蓮の花が華やかに開き、池のほとりには、六月のバラやその他の野生の花々が咲き続ける。

小鳥たちがやってきては水を飲み、水浴びをし、朝から夕方まで小鳥の歌声が絶えない。ミツバチは野生の花園でせっせと蜜を集める。美しい小道にはさまざまな種類の野生のイチゴが実り、草や木が生い茂り、シダが育ち、池の奥は目の届く限り緑に覆われている。

その友人は、人間というよりも「神の人」というべきで、人々を愛しており、彼の土地には「私有地、立ち入り禁止」とか「無断侵入者は罰せられます」と書かれた表示などはなかった。

それどころか、野生の木々のあいだを通ってこの夢のような場所に通じる美しい脇道のつきあたりには、「蓮の池へようこそ」という看板が立っている。

誰もがこの友人を愛している。なぜかって？　愛さずにはいられないからだ。彼は人々を愛し、自分のものは人々のものと思っている。

ここではよく子どもたちが楽しそうに遊んでいる。疲れて暗い顔をした人々がやってくることも多いが、ここを立ち去るときには表情が一変している。重荷が消えたようにすっきりした顔になっているのだ。

時おり、立ち去り際にこの人たちが小さな声で祝福の言葉をつぶやくのが聞こえる。「わが友人に神の恵みがありますように」——。

この場所を「神の庭」と呼ぶ人も多いが、友人は「魂の庭」と名づけて、ここで何時間も静かなときを過ごしている。

人々が立ち去ったあと、彼がここを歩き回ったり、澄み渡った月光を浴びながら錆《さ》びたベンチに座って、野生の花の香りに浸っているのを見たこともある。

彼はじつに美しいシンプルな性格の人間であり、自分でもいちばん立派で見事だと感じるプランはインスピレーションのように自然に浮かんでくることが多いというのだ。

まわりのものはすべて、親切さと心地よさと善意と楽しさの精神が息づいているように見える。

小道のはしにある古い石塀あたりにやってくるウシやヒツジまでが、この美しい場所を眺めて人間と同じ喜びを感じているようだ。

そんな家畜までが、満足と喜びに微笑《ほほえ》んでいる——少なくともそのようすを見た者には、そう感じられる。楽しげなウシやヒツジを眺めていると、つい微笑まずにはいられないからだ。

池の水門はいつも大きく開き、豊かな水が流れていたから、あふれる水が下の野原を流れる小川にも充分にゆきわたり、そこで草を食《は》むウシやヒツジたちも清らかな山の水を飲むことができる。それから小川は近隣の野原を通って流れていく。

しばらく前、友人が一年ほどその場所を留守にしたことがあった。彼はそのあいだ、世間でいう「現実的な」性格の人間に土地を貸した。その男は、自分に現実的な利益をもたらさないものにはまるで関心がなかった。

水源と蓮の池を結ぶ水門は閉じられた。澄んだ山の水はもう池に流れ込まず、野原にあふれていくこともなくなった。友人の「蓮の池へようこそ」という看板は撤去され、楽しげな子どもたちや人々は池のほとりにやってこなくなった。すべてが大きく変化した。生命を与える水がなくなったから池の花は萎《しお》れ、蓮の茎は泥中に深く埋もれた。澄んだ水のなかを泳いでいた魚はまもなく死に絶え、池のまわりには悪臭がたち込めた。

池のほとりにも、もう花は咲かなかった。小鳥たちも水を飲みにも水浴びにもやってこない。ミツバチの羽音も聞こえず、下の野を流れる小川も涸《か》れ、ウシやヒツジは山の澄んだ水が飲めなくなった。

いまの土地のありさまと、友人がこまやかな気遣いをしていたころの池との違いは——すぐにわかると思うが——水門が閉じられて生命の源である山の水源の水が来なくなったことに起因している。

そして生命の源が断たれたとき、蓮の池のようすが一変しただけでなく、まわりの野にも水が流れなくなり、ウシやヒツジは飲み水を失ったのだ。

心の水門を開き、力を流れ込ませよ

まったく同じことが、人間の人生にもいえるのではないだろうか？

すべての生命である「無限のスピリット」との一体感やそのスピリットとのつながりを認識している度合いに応じて、また聖なる流れに自分を開いている度合いに応じて、わたしたちはどこにいようとも最高のもの、最も力強いもの、最も美しいものと調和することができる。

そしてその調和の度合いに応じて、わたしたちもまた聖なる流れをあふれ出させることができ、わたしたちと触れ合う人々もその結果を受け取ることができる。

それが友人の蓮の池である。彼は宇宙のなかの真のもの、最善のもののすべてを愛している。ところが「無限の源」とひとつであることがわからず、聖なる流れに対して自分を閉じてしまうと、わたしたちはよいものも美しいものも力強いものも何もないとしか思えなくなる。

そうなると、わたしたちと触れ合う人々にもよいことは起こらず、ただ傷つくばかりである。これが農場を貸したあとの蓮の池の状態なのだ。

だが、蓮の池とあなたやわたしの人生には、ひとつ違いがある。蓮の池は自ら水門を開けて水源の流れを呼び入れることはできない。水門については池は無力で、外部の力に頼るしかない。

だが、**あなたやわたしにはパワーがあって、聖なる流れに向かって自分自身を開くか閉じるかを自分で選ぶことができる。**心のパワー、思考の働きを通じて、自分を開くことも閉じることもできるのである。

神から直接与えられた生命の魂（ソウル）がある。その魂が「無限なるもの」とわたしたちを結びつけている。それから、肉体的な生命がある。この生命が物質の世界とわたしたちを結びつけている。

そして思考の生命が両者を結びつける。両者のあいだに作用するのは、この思考である。

先に進む前に、思考というものの性質について少しみておくことにしよう。

多くの人は、思考はかたちのない抽象にすぎないと考えているが、そうではない。

それどころか**思考は活力ある生きた力、宇宙で最も活力があって精妙で抵抗しがたい力なのである。**

研究室の実験でも、思考が力であるという偉大な事実が示されている。思考にはかたちと質、実体、力があり、「思考の科学」とでも名づけられるべきものが生まれ始めている。

それにまた、思考の力を通じて、ただの比喩ではなく現実的な意味のある創造的なパワーがもてることがわかってきた。

物質宇宙にあるすべて、かつて宇宙にあったすべての発生源は思考だ。思考から始まって、かたちができ上がる。城も彫像も絵画も機械も、すべてのもとは、物質的な表現や形体をとる前にそれを考え出した人の心にある。

そもそも、わたしたちが生きている宇宙そのものが神の思考エネルギー、つまりすべての背後にある「無限のスピリット」の結果なのだ。

これが真実であれば、わたしたちが見てきたとおり、ほんとうのわたしたちも本質的にはこの「無限のスピリット」の生命とひとつである。

したがって、このすばらしい事実を認識し実現する度合いに応じて、わたしたちも内なるスピリチュアルな思考の力を通じて、同じ創造的な力をもてるはずではないだろうか。

心の引力が求めた現実を引き寄せる

すべては見えるかたちに現れて現実化する前に、見えないかたちとして存在する。この意味でいえば、見えないものが現実で、見えるものは非現実ということになる。**見えないものは「原因」であり、見えるものは「結果」なのだ。**見えないものは永遠で、見えるものは移ろい、変化する。

「言葉のパワー」という言葉は科学的な事実を指している。思考の力を通じてわたしたちは創造的なパワーを得る。語られた言葉はこの内なる力の働きが外に現れたものにほかならない。

その意味で、語られる言葉は、思考の力が焦点を結び、特定の方向に向けられる手段だといえる。思考のパワーが外部に現れて物質化して見えるかたちになる前に、この集中と方向づけが必要なのだ。

「空中楼閣《ろうかく》を築く」という言葉がある。空中楼閣という言葉にまつわる響きは必ずしも前向きではない。だが地上に楼閣を築き、そこに住まうためには、その前に必ず空中楼閣が必要なのだ。

空中楼閣を築くことに夢中になる人の問題は空中楼閣を築くことではなく、その先へ進んで現実化させないこと。それに性格づけをして物質的なかたちを与えず、実際の楼閣を築かないことだ。

必要な仕事の一部は成し遂げているが、同じように必要な別の部分がまだ手をつけられずに残されているのだ。

心の引力とでも呼ぶべき思考の力と、ここで作用している法則との関係は、似たものどうしが引き合うという宇宙の偉大な法則のひとつで表される。**わたしたちはつねに、人生の見える側からも見えない側からも、自分自身の思考にいちばんよく似た力や条件を引き寄せている。**

この法則は、わたしたちが意識するしないに関係なく作用し続けている。

わたしたちは、ちょうど広大な思考の大海で生きているようなもので、まわりにはいつも思考の力が波のように寄せては返している。わたしたちはみな意識していようがいまいが、こういう思考の力に多かれ少なかれ影響されているのだ。

そしてまわりの思考にどれだけ鋭敏か、また自分を否定してまわりの影響に流されるか、それとも積極的に受け入れる影響を決めて自分の人生をつくっていこうとするかの度合いに応じて、影響を受ける。

なかには、ふつうの人より鋭敏なたちの人がいる。そういう人たちは生物としての身体もより繊細に敏感にできている。一般的にいって、そういう人たちは触れ合う人々、つきあう人々の精神に影響されやすい。すぐれた雑誌の編集者である友人はとても繊細で、レセプションなどの集まりに出席して大勢の人と握手したり話したりすると、必ず人々のさまざまな精神的、肉体的状況に影響されてしまう。

その影響が大きすぎて、二、三日たたないと本来の自分に戻ることができず、仕事のベストコンディションを取り戻せないこともあるほどだ。

こんなふうに繊細なのは不幸だと思う人たちもいるが、そうではない。繊細であるのは、よいことだ。なぜなら、繊細だというのは、自分のなかで脈打つ高次の魂に対しても、外部からの高次の力や影響にも、開かれた受け入れ態勢ができているということなのだから。

だが、自分を知り、自分を閉ざす力を獲得し、好ましくない有害な影響に立ち向かうパワーをもてなければ、それはとても困ったことで、不幸だともいえる。このようなパワーは、どんなに繊細な人であっても獲得することができる。

このパワーは、心の活動を通じて獲得される。繊細であるか否かにかかわらず、誰にとっても、これ以上に大切な心の活動はないのだ。

自分を閉じて低次の事柄を積極的にはねつけるべく、そして自分より上のすべてに自分を開いて影響を受け入れるべく、そのときどきに応じて自分の姿勢を決めるのはとても大切なことである。

意識してそのような心の姿勢をとっていれば、やがて習慣になるし、真剣に努力すれば、静かで精妙な力強い影響力が作用し、望ましい結果が得られるようになる。

そうなれば人生の見える側も見えない側も含め、低次の好ましくない影響は締め出され、高次の影響を受け入れられるようになる。そのような影響は、招き入れられる度合いに応じて入ってくるものなのだ。

物質を超えたいくつもの世界がある

では人生の見えない側というのは何のことだろうか？

まず思考の力、わたしたちを含む周囲の精神的、感情的な状況がある。これは物質的な身体を通じて物質的な領域に現れる。

第二に物質的な身体を捨て、あるいはそこから離れて、いまは違った性質の身体を通して存在するものが生み出す同じような力がある。

個々の人間の存在は物質的な感覚の世界で始まるが、その人がどれほど気高い生命とパワーを実現できるかの度合いに応じて、言葉にならない最終的な偉大な栄光へ向かってだんだんにエーテル界から天界へと進んでいく。

すべての物理的な世界のなか、あるいはその上には、それに対応したエーテル界あるいは魂の世界があり、すべての生き物のなか、あるいはその上には対応するエーテル界の身体あるいは魂の身体がある。その魂の身体にとっては、物理的な世界は外部的な道連れであり、物質的な表現である。

このエーテル界あるいは魂の世界は、高く昇りつつある人類のとりあえずのわが家で、そこからさらに無限の段階を経て高く昇り（あるいは深まり）、もう人間には考えることもできないスピリチュアルな存在の天界へと向かう。

したがって現《うつ》し身となる、ということには二つの意味がある。物質的な存在という意味と、真の不滅の存在が宿り、個別化して完成をめざすための一時的な殻をもつという意味である。

「穂のなかの実」が実るには殻が必要だし、殻の使い道はそれしかない。この不滅のエーテル体によって、エーテル界の環境と社会生活やその世界での関係が形成され、それを通じて個人と個人の人生は永遠に維持される。

表現は違っても、すべての真理はかたちは変化しつつも生命は持続することを教えている。生命は宇宙の永遠の原理のひとつなのだから、生命の現れを媒介するかたちは変化しても、生命はつねに持続する。

実際、肉体的な身体を捨てて抜け出るから、個々の生命が以前と同じようには続かないと考える理由はまったくないし、（中断はないのだから）新たな始まりというよりも、この世を離れたところですぐに別のかたちの生命が始まると考えてはいけない理由もない。

すべての生命は一歩一歩、絶え間なく進化していくのであって、あいだを飛び越したり、ジャンプしたりはしない。

さらに他のかたちにも心があり、したがってあらゆる段階の人生があり、影響し合っているのは、物質的な世界のかたちと同じことである。

もし似たものどうしが引き合うという偉大な法則が貫徹しているなら、わたしたちはつねに自分自身の思考や人生にいちばんよく似た影響や条件を、生命のそちらの側からも引きつけていることになる。

そんなふうに影響を受けるなんて困ったことだ、という人もいる。だが、そうではない。**すべての生命はひとつだ。わたしたちはみな、ひとつの共通の宇宙の生命につながっている。**

まして、何を考えるかは自分で決定できるのだ、ということを思えば、困ったことであるはずがない。何を考えるかを自分で決められるのだから、どんな影響を受けるかも決定できるのだ。

まわりに影響されてあっちへふらふら、こっちへふらふらするわけではない。自分でそうなりたいと思えば別であるが……。

わたしたちは心の生活で舵《かじ》をしっかり握って、どんな針路をとるか、どの方角へ行くかを決めることができる。

もちろん舵を取らずに漂い、吹いてくる風まかせであちこちへ流れることもできる。だから自分に似たものの影響を受けると考えて困ることはないし、それどころか喜ぶべきなのだ。

わたしたちは時と場所を超え、この世に存在したもっと偉大で、最も高貴な、最善の人々の影響や助けを自分に引き寄せることができる。

理性的に考えれば、人々を愛して高める力をもった人々がいて、いまも努力していると考えていけない理由はないし、その人々はたぶんいまではもっと熱心に、もっと大きな力をもって働いていてくれるだろう。

「そしてエリシャは祈って、主に願った。どうぞ、彼の目を開いて見えるようにしてください。主がその若者の目を開かれたので、彼は見た。すると、なんと火のウマと戦車がエリシャを取り巻いて山に満ちていた」

数日前、友人と一緒に車に乗っていたとき、人々はどこでも人生の重要な出来事にとても大きな興味をもっているし、内なる力を知りたいと熱心に願っている。自分を知り、自分と「無限」との真の関係を知りたいという欲求はますます強くなっている、という話をした。

そして世界中で偉大なスピリチュアルな目覚めが急速に広まっているし、その始まりをわたしたちはいま終わろうとしている時代にはっきりと見ている、また新しい世紀の初めの時代には、さらにその目覚めが広がっていくさまを見ることになるだろう、と。そのとき、わたしは次のようにいった。

「生きた時代よりずっと先に進んでいた賢明なエマーソンが、人々が目覚める環境をつくり出そうと熱心に恐れを知らず努力したエマーソンが、いまわたしたちとともにいて、すべてを見届けることができたら、どんなにすばらしかっただろうね！

彼はどんなに喜んだだろう！」

すると友人から、「いま彼がそれを見て喜んでいないなんて、どうしてわかる？」という答えが返ってきた。

「それどころか、いま彼も力を貸しているのかもしれないよ。彼がこの世にいたときよりも、もっと大きな力をね」

そのことを指摘してくれた友人に、わたしは感謝する。事実、彼らはみな、救いの遺産を受け継ぐべき人々に仕えるために遣わされたスピリットではないのだろうか？

現代の科学がはっきりと示しているとおり、わたしたちが見ているのはものごとのほんの一部にすぎない。

わたしたちの生命やまわりの世界で働いている真に重要な力は、ふつうの目では見ることができない。だがその力が原因であって、わたしたちが見ているものはただの結果にすぎないのだ。

思考は力であり、自分に似たものをつくるし、似たものどうしが引き合う。だから自分の考えを律するということは、人生を決めることにほかならない。

現実とは心がつくり上げた結晶

自然のものごとについて深く洞察した人は、スピリチュアルなものと物質的なものとを対応づける法則はすばらしく正確に作用しているという。

暗い気分に支配された人々は暗い事柄を引き寄せる。いつもくよくよと元気がない人は何をしても成功せず、誰かの荷物になって暮らす。希望と自信を抱いている明るい人は成功の要素を引き寄せる。

ある人の庭はその人が支配されている気分を表している。家庭にいる女性の精神状態は、衣服に表れる。だらしのない格好は、無力感やなげやりでいい加減な生活態度を表す。ぼろやかぎざき、汚れは、身体につけるものに表れるより前に心に存在する。

いちばん中心的な思考は、それに対応した目に見える要素を自分自身のまわりに結晶させる。銅の溶液のなかに銅片を入れると、溶液のなかの見えない銅が引きつけられて見えるようになるのと同じことである。

いつも希望と自信と勇気をもち、目標を決め、目的をめざし続けている精神は、その目的にかなう要素や力を自然に引き寄せる。

あなたの思考はすべて、考えられる限りのどんな意味でもはっきりした価値をもっている。あなたの身体の力、精神力、ビジネスでの成功、つきあう仲間に与える喜び、それはみな、あなたの思考の性格に左右される……。

あなたがどんな気分でいるかによって、あなたのスピリットはその気分に応じた見えない実体を受け取る。これはスピリチュアルな法則であり、科学の法則でもある。

科学は見える要素にのみ限られているわけではない。肉眼では見えない要素のほうが、見えるものの千倍もたくさんあるのだ。

「あなたを憎む者に善を行いなさい」というキリストの言葉は、科学的な事実と自然の法則に基づいている。善を行えば、力と善の性質をもつ要素のすべてを自分に引き寄せる。悪を行えば、逆に破壊的な要素を引き寄せる。

わたしたちの目が開かれるならば、わたしたちは自分を守るために悪い考えをす

べて捨てるだろう。

憎しみによって生きる者は、憎しみによって死ぬ。剣によって生きる者は、剣によって死ぬ。悪い考えはすべて、抜いた人に向けられた剣のようなものだ。相手も剣を抜けば、どちらにとってもさらに悪い結果になる。

また次のようにいった人は、自分の言葉が正しいことをよく知っていた。

引力の法則は普遍的にどんな場所でも作用する。だから、わたしたちは望むもの、期待するものを引き寄せる。あることを願っているのに、別のことを期待するのは、分裂した家のようなものであり、すぐに荒廃してしまう。

断固として自分が望むものだけを期待するようにしなさい。そうすれば、望むものだけが引き寄せられるだろう。

楽しい考えだけをもつようにすれば、その考えをもち続けているあいだは、どんなに遠くの土地や海を放浪しようと、自分でわかっていようといまいと、自分自身のもつ主な考えにふさわしい事柄だけを、絶え間なく引き寄せるだろう。

思考は自分だけの財産である。そして、自分には思考を律する力があるといつも意識していることによって、この思考という資産を自分の好みに合わせて律することができるのだ。

信念に疑いや不安を入れてはならない

ここまで心の引力についてお話ししてきた。

信念とは思考の力の作用が最も熱心な願いというかたちをとり、その願いが叶《かな》うという期待と組み合わされたものにほかならない。

そして信念に応じて、つまり熱心な願いが期待に支えられて水を与えられる度合いに応じて、願いの成就を自らに引き寄せ、見えないものを見えるものに、スピリチュアルなものを物質に変える。

疑いや不安という要素を入れると、とても大きかった力が無力化されて、実現しなくなる。確固たる期待によって支えて水をやり続ければ、それは力となり、引き寄せるパワーとなる。

そのパワーは絶対的で抗《あらが》いがたく、その絶対的なパワーの度合いに応じて絶対的な結果を生み出すのである。

信念についていわれた偉大な言葉。それについての偉大な約束。それはただの漠然とした感傷ではなく偉大な科学的事実であり、偉大な不変の法則に基づいていることが昨今わかってきているし、これからもますます明らかになっていくだろう。研究室の実験でも、これらの力のもとにあって、これらの力を律している法則が発見され始めている。少なくとも一部の人たちはこれらの力をわけがわからずにではなく、理解したうえで活用し始めている。そういう人たちは以前にも大勢いたのだが。

現在、意志についてさまざまなことがいわれている。意志そのものが力であるような言い方もよくされる。だが意志が力となるのは、それが特定の思考の力の表れというかたちをとった場合だ。

意志と呼ぶものによって思考は焦点が絞られ、具体的な方向性を与えられるのであって、思考が焦点を絞って具体的な方向性を与えられる度合いに応じて、結果を実現する効力をもつ。

ある意味では、意志には二種類ある。人間の意志と聖なる意志である。

説明のために人間の意志を低い自己の意志と呼ぶことにしよう。この意志は精神的な世界と物質的な世界でだけ生きている感覚的な意志であり、知的・物質的な感覚での生命をはるかに超えた生命があるという事実にまだ目覚めていない者の意志である。

その高い生命が実現され、生かされたときには、知的・物質的な感覚が消えたり矮小化《わいしょう》されることなく、逆にもっと高く完璧なものとなり、最高に生命を享受する力を得るものであるが、そういうことに気づいていない者の意志である。

聖なる意志とは、高次の自己の意志、聖なるものと自分がひとつであることを認識している者の意志であり、その結果、自分の意志を聖なる意志と調和させ、組み合わせて働かせる者の意志である。

人間の意志には限界があり、ここまでしかいけない、ここから先はいけない、という決まりがあるが、聖なる意志には限界がない。それは、至上のものである。すべては開かれてあなたに従う、と法則は定めている。

だから人間の意志が聖なる意志に変容する度合いに応じて、聖なる意志と調和する度合いに応じて、行動が聖なる意志と関連する度合いに応じて、人間の意志も至上のものとなる。

「あなたがことを決めると、それは成る」——だから人生の偉大な秘密とパワーは、この「聖なる源」とつながり、そのつながりを意識し続けることだ。

すべての生命のパワー、生命そのものは、それが何とつながっているかで決まる。

神は宇宙に内在し、同時に超越している。神はいまの宇宙で、わたしやあなたの人生で、かつてと同じように創造し、活動し、律している。

わたしたちは神を不在地主のような存在と考えがちだ。この偉大な宇宙の力を作用させ、そのあとは遠くへ去ってしまったと考える傾向がある。

だが、わたしたちが神の内在と超越を認識する度合いに応じて、わたしたちは神の生命とパワーに与《くみ》することができる。

いまこの瞬間も、神はすべてのなかで、すべてを通じて活動し、現れている「無限の生命と力のスピリット」である——そう認識する度合いに応じて、またわたしたちがその生命とひとつであることに気づく度合いに応じて、わたしたちはその生命を分け与えられ、自分自身のなかの神の生命の資質を実現することができる。

この内在し超越する生命の流れに自分を開く度合いに応じて、わたしたちは無限の知性とパワーとが働くチャンネル（通り道）になるのだ。

わたしたちは心という道具を使って、真の魂の生命と物質的な生命を結びつけ、魂の生命が物質を通じて現れ、働くように仕向けることができる。

思考の生命は内側の光で照らされ続けなければならない。

心という道具を使って聖なるものとの一体感を意識する度合いに応じて、それぞれの魂が聖なるものの個々の表現のかたちであることを意識する度合いに応じて、この光は輝きを放つ。

こうして、わたしたちが直感と呼ぶ内なる指針へと行き着く。スピリチュアルな性質と理解にとっての直感は、感覚的な性質と理解にとっての五感と同じ働きをする。

人間は内なるスピリチュアルな感覚を通じて自分を開き、神の知識の直接的な啓示や自然と生命の秘密を受け取る。そして、神とひとつであること、神の一部であることを意識し、聖なる資質をもつ神の子として至高の存在であることを悟る。

聖なるインスピレーションのもとで直感が育ち磨かれて、そのなかで現実化するスピリチュアルな至高性と光、これが関心や興味が向かうすべてのものごとの性格や資質や目的についての完璧なビジョンと直接的な洞察を与えてくれる……。

繰り返すが、肉体的な感覚が外に向かって働くのに対して、これは内側に向かって働くスピリチュアルな感覚だ。

この感覚には、外部的な情報源にはまったく頼らずに、じかに真理を見分けて把握し知る力があるので、わたしたちはそれを直感と呼ぶ。

人を鼓舞するすぐれた教えやスピリチュアルな啓示は、魂がこのスピリチュアルな能力をもち、それによって教えや啓示を受け入れて自分のものにできることを基盤としている……。

「父なる神」の最高の欲求と信頼から生まれた人間が、その精神や目的において「父なる神」と意識的にひとつになれば、聖なる全知から直接に送られるインスピレーションと悟り、それに協力的な聖なる全能のエネルギーへの内的な感覚を通じて、魂が開かれ、そのときに人は預言者、偉大な師となる。

肉体のなかのスピリチュアルな生命がこうしてかたちを現せば、そのより高い場で心は無私の姿勢をとり、融通無碍《むげ》の自由と偏りのないビジョンによって行動し、外部的な情報源にはまったく頼らずにじかに真理を把握する。

すべての生き物やものごとに聖なる側から近づき、聖なる全知の光によって見るようになる。すべては神の心のなかにあるのだから、そこにある神の目的やそれにかかわる真理は、聖なる心からじかに差す光によってあらわになる。

魂は直感と呼ぶスピリチュアルな感覚を通じて、内側からその光に向かって開かれている。ある人はそれを魂の声と呼び、ある人は神の声と呼び、またある人は第六感と呼ぶ。それが、ここで内なるスピリチュアルな感覚といっているものである。

わたしたちが真の自己を悟る度合いに応じて、「無限の生命」と自分の生命がひとつであることを悟る度合いに応じて、またこの聖なる流れに自分を開く度合いに応じて、直感の声、魂の声、神の声が明晰《めいせき》に語り始める。

そしてわたしたちがその声を認識し、耳を傾け、従う度合いに応じて、その声はいっそう明晰になり、やがてその声の指針にはまったく間違いがないというところにまで達するのだ。

満たされる人生——健康と活力

神とは「無限の生命のスピリット」である。わたしたちがこの生命を分かち与えられ、その聖なる流れに充分に自分を開く力があるとしたら、その聖なる流れについても、また肉体的な生命に起こる出来事についても、ふつう考えるよりももっと大きな意味があることに気づく。

この「無限のスピリット」はその性質からして、病気などが入り込む余地がないのは明らかだ。そして、それが真理だとすれば、聖なる流れが自由に流入している身体は病気になるはずがない。

まず、肉体的な生命について、すべての生命は内側から外へと向かうものであることを押さえておこう。

「内側がそうなら、外側もそうなる。原因があって結果がある」というのは不滅の法則だ。いい換えれば、思考の力とさまざまな精神状態や感情はいつかは肉体に影響を及ぼす。

ある人はいう。「心が身体に影響すると最近よくいわれるが、そんなことを信じていいのかどうかわからない」と。あなたもそうだろうか？

誰かが驚く知らせをもってくる。あなたは青ざめ、震え、もしかしたら気絶するかもしれない。その知らせはあなたの心のチャンネルを通って入ってきたのだ。

たとえば食事のときに、友人に何かいやなことをいわれる。そんなとき、あなたは「傷つく」という言い方をする。せっかく夕食を楽しんでいたのに、とたんに食欲がなくなる。友人の言葉はあなたの心のチャンネルを通って入ってきて、影響を与えたのだ。

ほら！　あそこに一人の若者が足を引きずり、ほんの小さな障害物にもつまずきながらのろのろと歩いている。どうしてだろう？　彼が心の弱い愚か者だからだ。いい換えれば、落ち込んだ心が落ち込んだ身体の状態となって現れている。心のたしかな人は足取りもしっかりしている。心が不安定なら足取りも不安定だ。

とつぜん、緊急事態に見舞われ、あなたは不安に怯《おび》え、震えて立ち尽くす。どうして動けないのか？　どうして震えているのか？　それでも、心は身体に影響を及ぼさないと思うのか？

あなたは一瞬、激しい怒りにかられる。数時間後、ひどい頭痛がする。それでもあなたは思考と感情が身体に影響することに気づかない。

二、三日前、友人と話しているとき、心配ということが話題になった。「わたしの父はとても心配性なんだ」と友人はいった。「きみのお父さんは健康ではないのだろう」とわたしはいった。「丈夫で頑健な、活動的な人ではないね」。それから友人のお父さんの状態について、お父さんを悩ませていることについて、もっと詳しく話してみた。友人はびっくりした顔でいった。「よくわかるね。きみはわたしの父を知らないだろう?」——。

「知らないさ」とわたしは答えた。「それじゃ、どうしてそんなに父の病気のことをよく知っているんだね?」「きみはいま、お父さんがとても心配性だといった。その言葉は原因を語っている。お父さんの話をしたとき、わたしはただ原因を具体的な結果に結びつけただけなんだよ」。

破壊的な感情は病気を生み出す

不安や心配は身体のチャンネルを閉ざす。だから生命力の流れが遅くなり、滞る。

希望と安らぎは身体のチャンネルを開く。だから生命力が生き生きと流れ、病気は

めったに近寄れないのだ。

少し前、ある女性が友人に深刻な身体的トラブルについて話した。友人はその女性と妹の仲があまりよくないのを知っていた。そこで、身体の不調についていろいろと話す女性の言葉に注意深く耳を傾けていた友人は、まっすぐに彼女の顔を見て、優しい、だが断固たる口調でいった。

「妹さんを許してあげなさい」

女性はびっくりして友人を見て、「妹を許すことはできません」と答えた。「そう」と友人はいった。「それなら、関節のこわばりやリューマチの症状はよくならないだろうね」。

数週間後、友人はまたその女性に会った。彼女は軽い足取りで近づいてきていった。

「あなたのアドバイスに従いました。妹と会って、許したのです。わたしたちはまた仲のよい姉妹になりました。どうしてかわからないのですが、仲直りした日から身体の不調がどんどんと軽くなって、いまでは忘れてしまうほどよくなっています。それに、妹ともすっかり仲よしになったので、一日も離れては過ごせないほどなんですよ」

――ここでも原因が結果を生んでいる。

こんなケースが確認されている。母親がほんの数秒間激しい怒りにとらわれた。するとそれから一時間もしないうちに、その母乳を飲んでいた子どもが死んでしまった。怒りにかられたとき、身体が有害な物質を分泌して母乳が毒されたためである。同様に重病になったりひきつけを起こしたケースもあるという。

著名な科学者によって何度も行われた次のような実験がある。数人を暑い部屋に入れておく。それぞれの人はしばらくのあいだ、特定の激しい感情に支配される。一人は激しい怒りに、別の人は別の感情に、というぐあいに。

実験者がそれぞれから汗を採取し慎重に化学的な分析をすると、どんな感情に支配されていたかがわかる。唾液の分析でも事実上同じ結果が出ている。

すぐれた医学部で教育を受け、身体をつくっている力とこれを破壊する力について深く研究をしてきたある有名なアメリカ人がこういっている。

「心は本来、身体の保護者だ……すべての考えは自らを再生産する傾向がある。ぞっとするような病気や感覚やあらゆる悪を思い描いていると、魂に腫瘍や病巣ができ、それが身体にも再生産される。

怒りは唾液の化学的な組成を身体に有害なものに変化させる。急激な暴力的な感情は数時間以内に心臓を衰弱させるだけでなく、死や狂気の原因になる。

科学者は、強い罪悪感をもっている人の冷や汗とふつうの人の汗には化学的な違いがあること、犯罪者の汗を化学的に分析すると心の状態がわかる場合があることを発見している。

この場合、汗にセレン酸を加えるとはっきりしたピンク色になる。恐怖で死ぬ人々がたくさんいること、その一方で勇気は偉大な活力のもとであることもよく知られている。

母親の怒りは授乳中の子どもに害を与えるかもしれない。優秀な調教師のリアリーは、怒りの言葉をぶつけると、ウマの鼓動が一分に十回も速くなることがあるといった。動物でもそうなら、人間とくに子どもにどんな影響があるか、推して知るべしではないか？

強烈な感情のために嘔吐《おうと》することも多い。激しい怒りや恐怖は黄疸《おうだん》を起こすことがある。震えるほどの激しい怒りは、脳卒中と死をもたらす。実際、たった一夜の激しい苦悩が生命にかかわったことも一度や二度ではない。

悲しみ、長期の嫉妬、絶え間ない心配やつらい不安は、ときには狂気につながる。病んだ考えや暗い気分は自然に病的な雰囲気を生み出し、心の瘴気《しょうき》から犯罪が生まれてはびこる」

こうしたことから、いまでは科学的につきとめられた偉大な事実がわかる。さまざまな精神的状態、感情、激情は独特なさまざまな影響を身体に及ぼし、その影響が拡大するのをほうっておくと、さまざまな病気が生じて、それがいつかは慢性になるということである。

最良の薬とは温かい心である

そのような影響がどんなふうに作用するか、少しみてみることにしよう。

人が一瞬、たとえば怒りに支配されると、身体のシステムがいってみれば大嵐の状態となり、生命力にあふれる正常で健康な身体の分泌を狂わせて、むしろ身体を蝕《むしば》むものにする。

したがって、自然な機能が果たされず、逆に身体を損ない害を与えるのだ。このような状態が長く続くと影響が累積されて特定の病気が起こり、それが慢性化する。逆の感情にも同じことがいえる。優しさや愛や寛容、善意などの感情は健康で清らかで生命力にあふれた身体の分泌を促す。身体のチャンネルのすべてが自在に開き、生命力が身体を巡る。その巡る活力が、悪い感情の有害で病的な影響をやがては中和するだろう。

医師が患者を往診する。この朝は、医師は薬を与えない。だが往診を受けただけで患者の体調はよくなる。医師は健康のスピリットを運んできたのである。明るい気分を運び、病室に希望を運んできた。そして希望を残していった。

事実、医師が運んできた希望と明るさが患者の心に伝わり、微妙だが力強い影響を及ぼす。医師が分かち与えた心が患者の身体に作用し、心を通じて癒しが進行するのだ。

陽気な穏やかな気分は心を支え
同時に身体も支えることを知りなさい
だからこそ、人間にとっていちばん力強い感情は希望なのだ
希望は魂を潤わせる生命の血液だから

よく身体の弱い人が誰かに、「あなたが来ると、いつも元気になる気がする」という。この言葉には深い科学的な根拠が横たわっている。

「智恵のある人の舌は人を癒す」――こうしたことから考えられるのは、心の働きこそが最も興味深い研究分野だということだろう。**心を通じて、すばらしい強力な力が作用するのだ。**

生体のすぐれた分析で世界的に著名な科学者の一人はこのように話す。研究室の実験によって、人間の組成は一年以内に完全に変化しつくり替えられる可能性があることがわかった。しかも一部はほんの数週間でまったくつくり替えられる、と。

「それでは、身体は内的な力の作用のみで、病気から健康へと変化しうるのですか」と質問した人がいた。もちろん、そのとおりだ。それだけでなく、これが自然な治療法なのだ。

薬を投与し、医学的な処置や外部的な手段を使うのは、人為的な方法である。薬や医学的処置は障害物を取り除く作用をするだけ、生命力がもっとうまく働くように条件を整えるだけだ。

ほんとうの癒しのプロセスは、生命力によって内側から成し遂げられなければならない。

癒しの法則は厳然と存在する

最近、世界的に有名な外科医が仲間にこんなことをいった。

「この何世代か、食物や栄養への最も重要な影響、生命の原則そのものを、医学の専門家はなおざりにしてきた。栄養や治療にかかわる研究といえば、ほとんど物質が心にどんな働きをするかということに限られてきた。

このことは医師自身の成長の深刻な妨げになっている。その結果、専門家としての人生のなかで、心理的な要因はいまだに初歩的で比較的未発達な段階のままだ。

だが十九世紀の光とともに、自然の隠された力へ向かう人類全体の行進が始まった。現在の医師は心理学を学ぶ学徒の仲間入りをして、幅広い精神的な治療の分野へと進まなければならない。

ためらっているときではないし、懐疑や疑惑や躊躇《ちゆうちよ》を感じているときではない。ためらう者は道を見失う。人類全体がこの動きに参加しているのだから」

このことについて近年さまざまな愚行があったと考えられていることは、よく知っている。多くのとんでもなく愚かしいことが主張されたり、行われたりしてきた。だが、そうしたことは根源の法則を否定するものではないし、法則そのものには何のかかわりもない。

同じことは歴史上のあらゆる倫理や哲学のシステムの初期にもあてはまる。時がたつにつれて、これらの愚行やとんでもない事柄は脱落していく。そして屹立《きつりつ》する偉大な永遠の真理が、いっそう明白になるのである。

わたしはこれらの力の作用によって完全で永続的な治癒が——場合によっては驚くほど短い期間に——行われたケースを、個人的にたくさん知っている。なかにはふつうの物質的な医学に完全に見放されたケースもあった。あらゆる時代を通じ、あらゆる宗教にそのようなケースはたくさん存在している。

それならなぜ、**そのような癒しの効果がわたしたちの生きる現代にはないと考えなければならないのか？**

そのパワーはたしかに存在するし、過去に認識されていたのと同じ偉大な法則をわたしたちがどこまで認識するかの度合いに応じて、そのパワーは活性化するだろう。

ある人が大きな癒しの力をもっているかもしれない。だが、その場合にはきっと癒される側との協力が行われているはずだ。

キリストの癒しはほとんどの場合、病を訴える側の協力を必要とした。キリストは必ず「あなたは信じるか？」と問いかけている。こうして、癒される側の生命力を活性化させるのだ。

その人がとても弱っている場合、あるいは神経システムが疲弊しきっている場合、あるいは心が病気に影響されて力強い働きができないときなどには、しばらくは他からの援助や協力を頼むのもいいだろう。

だが当人が自分自身のなかに全能のパワーをもっていることに気づき、元気を取り戻せるほうがはるかにいい。

誰かが別の人を癒すことはあるだろうが、永遠の癒しを得るには自分自身で癒さなくてはならない。そのとき、相手は自分のなかのパワーをはっきりと気づかせてくれる教師として、かけがえのない役割を果たすだろう。

だがどんなときにも永続的に癒されるためには、自分自身の働きが必要なのである。

キリストの言葉のほとんど――「行きなさい、もう罪を犯してはならない」、あるいは「あなたの罪は許された」――は、すべての病気とその結果の苦しみは意識的であれ無意識的であれ、また意図的であれ知らずにであれ、法則を踏みにじったことの直接的、間接的な結果だという永遠不変の事実を指し示している。

苦しみは罪が続くあいだ続くようにつくられている。ここでいう罪とは神学的な罪に限ったものではないが、つねに哲学的な意味でいう罪であり、多くの場合はその両方にあてはまる。

法則違反をしなくなれば、その瞬間に法則に完全に調和することになり、苦しみの原因は消える。過去の違反の累積的効果は残っているかもしれないが、原因が取り除かれれば、もう付け加わる影響はないから、過去の法則違反の影響で病気になっていても、正しい力が働き出せばすぐに回復に向かうだろう。

◎

生きることの法則といちばん迅速かつ完璧に調和する方法は、すべての生き物の生命である「無限のスピリット」とひとつであることを肝に銘じて悟ることだ。そこには病はありえない。また充分に悟り、聖なる流れに完全に自分を開くならば、累積した障害物、いい換えればそこに残っている病もたちまち取り除かれるだろう。

「無限のスピリット」と自分がひとつであることに気づいた瞬間、人は自分をスピリチュアルな存在だと認識し、自分を病んだり蝕まれたりする身体だと考える過ちを犯さなくなる。

自分がいまもこれからも、ありうる限りスピリットであるという事実。自分は築き手であり、自分が住まう家である身体の主人だという事実に気づくことになる。そして主人としての自分の力に気づけば、どのような意味でも身体に振り回されることはなくなり、それまで当人の無知によって、身体をとらえ、影響を与えていた要素や力を恐れなくなる。

それらとの調和を欠いていたときには恐れていても、自分の至高性に気づいた瞬間、恐れる代わりに愛することを覚える。

こうしてそれらと調和する。いや、調和せよと相手に命じるようになる。以前は奴隷だったのが主人となるのだ。ものごとを愛するようになれば、それによって傷つけられることはなくなる。

現在、身体の弱さに苦しんでいる人が数え切れないほどいるが、神の力が働く機会さえ与えられれば、そのような人たちも強く健康になれる。

聖なる流れに自分を閉ざしてはならない。けっしてそんなことをしてはいけないのだ。**自分を開きなさい。聖なる流れを受け入れなさい。**自分を開く度合いに応じて、あなたの身体に活力が流れ込み、いままで支配していた古い障害物は駆逐される。

何日間も泥水が流れ込んでいる溝がある。泥はだんだんに溝の周囲や底にたまり、泥水が流れ込み続ける限り、泥もたまっていく。これを変えることだ。

美しく澄んだ急流が流れ込む水路をつくると、まもなく溝の周囲や底にたまっていた泥まで流れ去るだろう。溝はすっかりきれいになる。もう汚くはない。その上、溝を流れる水も大切なものになる。水を使う者を甦《よみがえ》らせ、健康と力を与えるようになるのだ。

そう、あなたが「永遠の生命のスピリット」と自分はひとつであることに気づく度合いに応じて、潜在的な可能性や力が現実化し、不安を安らぎに、不調和を調和に、苦しみや痛みを健康と力に変えることができる。

あなたがその全き一体感を実現すれば、その度合いに応じて、豊かな健康や力を触れ合う人々にもたらすことになる。健康も病気と同じように感染することを忘れないほうがいい。

無限の生命の流れに身体を開く

そのような真理を現実に応用する具体的な方法がありますか、と聞いてくる人がいる。それがわかれば完璧な肉体的健康を享受できるだけでなく、いまある病気も癒せるような方法がありますか、と。

それに対して、どう答えればいいだろう。いちばん重要なのは、おおもとにある偉大な原理をつかむことである。一人ひとりが自分に合った方法を見つけなければならないし、他の人の方法を借用することはできない。

まず、完璧な健康という考え方をもち続けること。そうすれば活力が働いて、やがて完璧な健康という結果が出るということを指摘しよう。

次はもっと直接的な偉大な原理そのものだ。その原理の性質からして、なるほどと理解するだけでなく実践したほうが実りが大きいことは確かだ。理解は実践の助けにはなるだろうが。

また、すべての生命あるものが生まれた、そして生まれ続けているおおもとの「無限の生命のスピリット」と自分はひとつであることに気づいて実践すること。その度合いに応じて、さらにこの実践を通じて聖なる流れに自分を開く度合いに応じて、活力が働き、それが遅かれ早かれ肉体を健康と力があふれる状態に変えてくれるのだ。

その本来の性質からして、「無限の生命のスピリット」には病気はありえないということに気づき、その生命こそがあなたの生命であることに気づき、その生命とひとつである自分の生命を生きるようになれば、さらに大きく自分を開くことができる。

そうなれば病んだ身体（結果）は完璧なパワーの影響によって変化する。それが早いか遅いかは、まったくあなた次第だ。

この認識と実践に対して自分を完璧に開くことができた人たちがいた。その人たちは瞬時に、永遠に癒された。

その癒しのすばらしさは、いつも時間という同じく強烈な要素の陰に隠れてしまう。だがそのすばらしさは穏やかで静かで期待に満ちていて、不安や混乱や不意打ちをともなう激しさではないはずだ。また、この真実にだんだんに気づいていく人もいる。

次のことを実践すれば、大勢の人々が偉大な助けを得て完璧に癒されるだろう。

心を安らかにし、すべてへの愛を抱きつつ、自分のなかへ静かに入っていき、わたしはわたしの生命のおおもとの生命である「無限の生命のスピリット」とひとつだ、と考える。

わたしはスピリット、スピリチュアルな存在で、その本来の性質からして病気になるはずがない。わたしはいま病気が巣くった身体を開く。「無限の生命」の流れに向けて、いっぱいに身体を開く。

その流れは、まさにいまも豊かに流れ込み、わたしの身体を巡り、癒しが進んでいる――このことを充分に悟って実践すれば、あなたはたちまち温かな生命力が身体に満ちあふれるのを感じるだろう。

癒しのプロセスが進んでいると信じること。信じ、さらに信じ続けること。多くの人々は、あることを望みながら、じつは別のことを予想している。そういう人たちは善のパワーよりも悪のパワーを信じて、病んだ状態に甘んじているのだ。

瞑想《めいそう》、実践、治療……言葉は何でもいいが、これを時間を決めてできるだけ何度も実行すれば、いつも同じ心の姿勢を保つことになって、活力がいつも働き、自分でもびっくりするほど早く、病んで不調だった身体が健康と調和へと変化するのを感じるだろう。

驚くことはない。これは「全能のパワー」の作用を促したためで、どんな場合でも結局はそのパワーが働いて癒されるのだから。

身体のどこかに不調があって、身体全体に加え、**とくにその部分を生命力の流れに向けて開きたいと思うなら、その部分を思い浮かべればいい。**身体の一部に思考を固定すると、その部分への生命力の流れが刺激され、増大する。

だがどんな癒しでもまずは心から始まる。原因が取り除かれなければ永続的な結果は出ない。いい換えれば、法則に違反し続けるならば、そのあいだは病や苦しみが起こり続けるだろう。

ここで取り上げたことは、身体が病んでいるときだけではない。病んでいないときでも、身体の生命力、活力、パワーが増大するというかたちで影響する。

環境の奴隷になってはならない

時代や国を問わず、外部的な力の介在なしに内的な力が働いて癒された事例はたくさんある。方法はさまざまだし、呼ばれる名称もさまざまだが、**そのおおもとで働いているのは同じひとつの法則で、その法則は現在も働いている。**大いなる師が使徒を遣わしたとき、人々を教えると同時に病んで苦しんでいる人を癒しなさいと命じた。つまり初期のキリスト教の師父たちには癒す力があったのだ。癒しは彼らの仕事の一部だった。

昔の人たちには癒す力があったのに、なぜ現代のわたしたちにはその力がないと考えるのか？　法則が違うのか？　いや、そうではない。それでは、なぜか？要するに、時おり見られる稀《まれ》な例を除けば、わたしたちは法則の言葉を超えて真の活力あるスピリットとパワーに達することができないからだ。

殺すのは言葉で、生命と力を与えるのはスピリットである。単なる言葉を突き破り、真の活力あるスピリットに達した魂をもつ人はみな、かつてパワーをもっていた人と同じようにパワーをもつはずだし、そうなればその人を通じて他の人々にパワーが分け与えられるだろう。その人は権威をもって行動するし、語るからである。

事実上すべての病気とその結果である苦しみは、歪《ゆが》んだ精神的、感情的な状態と条件に根本原因があることがわかってきたし、今後、時とともにこのことはますますはっきりするだろう。

何かに対する精神的な姿勢は、多かれ少なかれ自分自身に影響を与える。何かを恐れ、敵意を抱くならば、有害な、場合によっては破壊的な影響を受ける。相手を恐れる必要はない、自分のほうが上なのだ、と自分のなかで静かに認識して、和やかに向かい合えば、相手から害を被ることはなくなる。

どんな病気も、それに対応し、促すものがわたしたちの身体になければ、入ってくることはない。同じように、**どんな悪い好ましからざる条件も、こちらにそれを招き入れ、促すものがなければ、入ってはこないものである。**

わたしたちに起こることの原因、それを自分の内側に見いだそうとするのは、早ければ早いほどいい。そうすればわたしたち自身の条件を変え、よいことだけが入ってくるようにできるからだ。

わたしたちは本来の性質からして、すべての条件の主であるはずだ。そのことを知らないがゆえに、数え切れないほどの条件に振り回されることになる。

すきま風が怖いって？　神の清らかな空気の流れというだけで、すきま風そのものには風邪や他の病気の原因になって問題を引き起こす理由などどこにもない。自分がそれを可能にするからこそ、認めるからこそ、すきま風に影響されるのだ。原因とただのきっかけとは区別しなくてはいけない。すきま風は原因ではないし、原因を運んでくることもない。

二人が同じすきま風を受けて座っている。一人は悪影響を受け、もう一人は別に不都合だとも思わず、かえって気持ちがいいと思う。環境に振り回される人、すきま風を恐れる人は、初めから怯え、被る悪影響のことを考え続ける。

いい換えれば、悪影響が入ってきて自分を支配するように、あらゆる道を開けているのだ。だから無害どころか心地よい風も、当人が付与したとおりの力を発揮する。

もう一人は自分を環境の主であって環境の産物ではないと思っている。だからすきま風の心配はしない。すきま風と調和し、前向きに受けとめ、いやがるどころか楽しみ、むしろ外の新鮮な空気にさらされて鍛えられるのだと考える。

もしすきま風そのものが原因だとしたら、二人に同じ結果が及ぶはずではないか。それがそうではないのだから、すきま風は原因ではなくひとつの条件で、それぞれが自分の内側に見いだすのと同じ条件が実現されるのだということがわかる。

哀れなすきま風よ！　何千回何百万回も、無知なあまり、身勝手なあまり、自分自身の弱さと向き合おうとせず、堂々たる主になろうとせずに怯えた奴隷のままでいる人たちに悪役を押しつけられてきた。

それが何を意味するか、考えてみよう！　永遠の神をかたどってつくられた人間、神の生命とパワーを分け与えられた人間、支配すべくつくられた人間が、たかがすきま風に、澄んで爽《さわ》やかな空気の流れに震えおののき、怯えている。

だが悪役のスケープゴートは便利なものだ。たとえそれが自分を欺き続けるのに役立つだけだとしても……。

すきま風の悪影響といわれているものを被らないための最善の方法は、まず自分のなかに澄んだ健康な条件を見いだし、すきま風に対する精神的な姿勢を変えることだ。すきま風そのものには何の力もないこと、こちらがあると思う力だけをもつことに気づこう。

相手と調和するのだ。そうすればもう怯えはしない。それから思慮分別のある人なら誰でもそうするように、すきま風が吹くところに何度か座って慣れてみよう。「だが、虚弱な人、とりわけすきま風に弱い人はどうするのか?」。それなら、最初に分別を働かせて、あまり強いすきま風に当たらなければいい。自分でまだ対抗できないと感じているときには、とくにそうである。それはまだ恐れているということだから。

すべての人生の最高のツールである「良識」が、ここでも役に立つはずだ。

◎

人間が支配すべく生まれているとすれば——実際にそうなのだが——そのことは一人が成し遂げたことであれば遅かれ早かれ全員ができるようになるという事実に示されている。

それならば、物理的な作用の支配下で生きる必要はない。わたしたちは自分のなかにあるパワーを認識する度合いに応じて支配者になれるし、命令することができる。そのパワーを認識できなければ、奴隷になって命令される。

わたしたちは自分のなかに見いだすものをつくり上げ、引き寄せる。すべてはスピリチュアルな法則に従っているのだ。自然の法則とはすべてスピリチュアルな法則なのである。

人生（生命）はすべて原因と結果だ。広い宇宙のなかにさえ偶然などというものはない。

自分の人生に起こってくる事柄に不満だろうか？　それなら勝手につくり出して運命と名づけた空想の産物を恨んで時を過ごしたりせず、自分のなかを見つめ、そこで働いている原因を変え、違うことが起こるようにすることだ。

自分の人生に起こることの原因は自分のなかにある。これは身体についていえるだけでなく、人生のすべてにあてはまることである。**わたしたちに起こることは、意識的にせよ無意識にせよ、わたしたちが招き寄せている。**招き寄せなければ、訪れはしないものだ。

この事実はたぶんある人にとっては、最初はわかりにくいだろうし、なかなか信じられないかもしれない。

だが率直に心を開いて見つめれば、そして静かだが精妙な、いってみれば万能の思考の力の働きについてよくよく考えてみれば、そして自分自身とまわりに起こる結果をたどってみれば、おのずと明らかになるだろうし、よく理解できるだろう。

つまり人生で起こることは何であっても、それに対する精神的な姿勢に左右されるのだ。あれこれ悩みの種になることがある? なるほど、あなたは悩み、心を乱されているが、それはあなたがそうさせているからだ。

あなたは自分の条件に対する絶対的な支配権をもって生まれているが、ほんのしばらくでも自分からそのパワーを、誰かあるいは何かに差し出してしまえば、もちろんあなたは相手によって操られ支配される側になる。

移ろう出来事に心を乱されずに生きるためには、まず自分の中心を発見しなければならない。それからその中心にしっかりと立って、そこからまわりの世界を支配することだ。

自分のほうから環境を条件づけなければ、逆に環境に左右される。自分の中心を見つけ、そこで生きることだ。**誰にも何にも自分の中心を明け渡してはいけない。**自分の中心をしっかり守っていれば、その度合いに応じてあなたはますます強くなれる。

では、どうすれば自分の中心を見つけることができるだろうか？　**「無限の力」とひとつであることに気づき、つねにその気づきを実践して生きることである。**

だが、自分の中心からまわりを支配せず、悩みや悪や害をもたらすパワーをさまざまな相手に与えるのなら、その結果は甘んじて受け入れなければならない。永遠の善やすべての恵みに対して文句をいってはいけない。

完璧である人にとっては
地上はまことに完璧である
とげとげしく壊れたものにとってのみ
地上はとげとげしく壊れたままであるのだから

まず自分の窓をきれいにしなさい

あなたの魂の窓が異物で汚れ、しみがついていたら、そこから眺める世界も汚れ、しみだらけで乱雑だろう。

そんなときは不満をいうのはやめ、「自分はなんてかわいそうなんだろう、不幸なんだろう」などと嘆いたりしないことだ。そうしないと、あなたの窓が汚いことを宣伝することになる。

あなたの友人は窓をきれいにしているから、「永遠の太陽」がさんさんと差し込み、外もよく見える。だから友人はあなたとはまったく別の世界で生きているということを知っておきなさい。

そして、別の世界に憧《あこが》れるのではなく、**自分の窓をきれいにして、この世界のすばらしさ、美しさを発見しなさい**。この世界のあらゆるところにすばらしい美を見つけられないのなら、どこにも見つけられはしないだろう。

散歩する詩人がイチゴの茂みに目をとめれば
そこに詩が見つかる
シェークスピアが通りを歩けば
すべてが仮面舞踏会になる

歩くだけで仮面舞踏会が展開するといわれたシェークスピアは、登場人物にこんなことをいわせている。

「ブルータスよ、咎《とが》はわたしたちの星にあるのではなく、わたしたち自身にあるのだ。それでわたしたちは踏みつけられる」

——彼自身の生涯というすぐれた作品も、わたしたちがここで考えている真理を彼が熟知していた証《あかし》だ。

彼の次のような言葉は、わたしたちが検討していることと一致する偉大な真理を明かしている。

疑いは裏切り者
勝ち得たかもしれない善を失わせる
試みることを恐れさせるがゆえに

恐怖以上に好ましくないことをもたらすものはないだろう。わたしたちは何ものをも恐れずに生きるべきだし、自分自身をよく知れば何も恐れはしないはずだ。フランスにはこんな古い言葉がある。

あなたの抱いた悲しみはいくぶん薄らいだだろう
最も激しい悲しみにあっても、あなたは生き延びてきたではないか
だが、起こらなかった悪いことに苦しんでいたら
その苦しみはいつまでも消えない

恐れれば恐れることが現実となる

恐怖と不信は手を携えている。一方がもう一方を生み出す。人がどれほど恐怖を抱いているかを教えてくれたら、その人がどれほど信念に欠けているかをあててみせよう。

恐怖はとても高くつく客であるし、心配も同じだ。こんなに高くつく客をもてなすことは、誰にもできはしない。わたしたちは恐れるものを招き寄せる。心の姿勢が変われば、望む影響や条件を引き寄せることができるように。**恐怖に支配された心は恐怖が入ってくる扉を開け、恐れたことが現実になる。**

ある日、東洋の巡礼者が道で疫病に出会い、「どこへ行くのかね？」と聞いた。「バグダッドに行って五千人を殺すのさ」と疫病は答えた。

数日後、巡礼は戻ってくる疫病に会った。「あんたはバグダッドに行って五千人を殺すといったが、実際には五万人を殺したじゃないか」と巡礼はいった。「いや、そうじゃない」と疫病は答えた。「おれが殺したのは、あのときいったとおり五千人だけだ。残りは恐怖で死んだのさ」――。

恐怖は身体中の筋肉を麻痺《まひ》させる。恐怖は血液の流れに影響し、正常で健康な生命力の働きにも影響する。恐怖は身体をこわばらせ、麻痺させ、身動きできなくする。

わたしたちは恐れるものを自分に引き寄せるだけではなく、他の人についても恐れることを招き寄せる手助けをしてしまう。

考えの強さの度合いに応じ、そして相手が敏感でわたしたちの考えの影響を受けやすければ、その度合いに応じて、どちらも無意識であったとしても、恐れることが現実に起こる。

子どもも、とくに幼い子どもはふつうおとなより周囲の影響に敏感である。なかにはほんとうに敏感で、周囲の影響をすべて刻み込み、おとなになるにしたがって体現してしまう子どももいる。

だから子どもを育てる人たちは、子どもの精神状態にくれぐれも注意を払わなく

てはならないし、とくに子どもがおなかにいるお母さんは気をつけなくてはいけない。妊娠中はすべての考え、すべての精神状態や感情が直接に子どもに影響する。

また子どもが小さくても大きくても、子どもを恐怖で包まないように気をつけなくてはいけない。自分ではその気がなくても、心配のあまり、また過保護のあまり、そのようにしてしまうことがとても多い。心配性や過保護は育児放棄と同じように有害なのだ。

こんなことが起こらないか、あんなことが起こらないかと、子どもがいつも恐怖に包まれているがために、恐れていることが引き寄せられてしまったケースがたくさんある。そうでなければ、起こらなかったかもしれないのに……。

多くの場合、そのような恐怖にはたいした根拠があるわけではない。根拠があるのなら、むしろまったく反対の態度をとり、恐れないほうが賢明である。そうすれば働いている力を中和することができるからだ。

それから条件に左右されるのではなく、立ち向かって条件を支配できるという賢明で力強い考えで子どもを包んでやることだ。

ちょうど数日前、友人が自分自身の体験を話してくれた。彼がある習慣から逃れようと苦闘していた時期、彼はいつも母親と婚約者が抱く恐怖に包まれていた。婚約者とはしばらく時期をおいたのちに結婚することになっていて、結婚がいつになるかは彼がしっかりと自分を確立できるかどうかで決められるはずだったが、彼は非常に敏感だったので、いつも母親と婚約者の否定的な考えの影響を感じて弱り、鬱々としていた。

彼は二人がどんな思いを自分に向けているかをいつも感じ取っていた。つねに二人の恐怖や問いかけや疑惑の影響を受けて落ち込み、弱っていた。

二人の思いはすべて彼の力を削《そ》ぎとり、努力を麻痺させる方向に働いた。彼に勇気や力を奮い起こさせる代わりに、自分の弱さをますます意識させ、戦おうとしても無駄だとさえ思わせかねなかった。

二人は彼を心から愛していたし、彼を強くするのに役立つなら何でもしただろう。だが思考には精妙できわめて有効な無言の力があることを知らなかったために、勇気と力を与える代わりに奪い、ますます弱さを押しつけたのだった。そのために彼の戦いは三倍も困難になったのである。

恐怖や不安などの精神的状態は、おとなにとっても子どもにとっても、どんな人にとっても高くつきすぎる。恐怖は健やかな活動を麻痺させ、不安は身体を蝕んで引きずり倒し、ついにはばらばらにしてしまう。それによって得られるものは何もないし、すべてが失われる。

どんな喪失に対しても、長く悲しみ続けると同じことになる。それぞれが、それぞれの病をもたらすのだ。無節操な貪欲、けち、ため込みにも同じような効果がある。怒りや嫉妬や悪意やあら探し、欲望もそれぞれに人を蝕み、弱め、ぼろぼろにする効果を発揮する。

より高い法則と調和して生きれば、道を外さずに幸せに豊かに暮らせるだけでなく、肉体的な健康も得られるだろう。

ユダヤの賢者が人生の不思議な仕組みについてこんなふうにいっている。「正義は生命をもたらす。悪を追求するものは自分の死を追求する」、また「正しい道は生命であり、その道には死はない」ともいう。

いつかは、この言葉がふつう考えられているよりずっと実質的な意味をもっていることがわかる日が来るだろう。つねに輝きと美を増す壮麗な邸宅に自分の魂を住まわすのか、それとも自分がつくったあばら家に住まわすのか、決めるのは本人なのだ。あばら家はいつかは壊れて朽ち、捨てられるだろう。

一方的で不調和な暮らしをしている大勢の人々の身体は、毎年、その影響を受けて弱くなり、寿命が来るはるか以前に壊れてしまう。哀れなかわいそうな住まい！美しい寺院であるべきはずのものが、住人の無知や不注意やあさはかさのために荒れ果てる。哀れな住まいよ！

思考の力をよく観察し、注意深く考える者は、まもなくその声や動き、様相、思考が精神の状態や条件に刻みつける効果を読み取れるようになるだろう。あるいは、精神状態や条件を聞かされれば、声や動き、姿かたちなどの全体的なことから具体的な病までわかるはずだ。

人間の身体とその構造、それに成熟にかかる時間を研究して、さまざまな動物の寿命と比較すると、人間の本来の寿命は、わたしたちが現在考えているのと違って百二十歳に近いと推定できると専門家はいう。

だが身の回りを見れば、大勢の人々の身体は、(本来の寿命でいえば)長く強壮な中年生活に達するよりも前に老いて衰え、壊れていく。だから寿命は縮まる。

わたしたちは人間の寿命を本来よりも短いと信じ込む。その結果、ある年齢に近づくと、一般にその年齢の人たちには老いの兆候が表れ、盛りを超えて下り坂にさしかかっているという感じがして、もちろん自分も同じだと信じてしまう。

その心の姿勢が、老いが必然的に訪れるより何倍も先に老いをもたらす。身体をつくり上げ、さらにつくり替えるうえで、心は精妙で強大な影響力をもっている。わたしたちの理解が進めば、二度目の世紀の十代を楽しみに迎えるようになるかもしれない。

そこで思い出したのだが、知り合いに八十代の女性がいる。

彼女を老女と呼ぶ人もいるかもしれない。いや、その人が生まれてから経てきた四季の数で年齢を数える人なら、ほとんどの人がそう呼ぶだろう。

だが、彼女を老女と呼ぶのは白を黒というようなものだ。

彼女は二十五歳の女性に比べても老けてはいない。うれしいことにというか、見方によっては残念なことに、その年齢の多くの女性より若々しいくらいだ。

彼女はすべての人やものごとに善を見るから、いたるところで善に出合う。相変わらず気質も声も明るいので、誰もが彼女に魅力を感じる。いつでも誰の目にも美しく魅力的に映る、それが彼女の特質だった。

そして触れ合う何百人何千人の人々に明るさと希望と勇気と力を与えてきたし、これからも長いあいだ与え続けるだろう。

不安も心配も、憎しみも嫉妬も、悲しみも恨みも、利得やものにこだわるあさましさも、彼女の思考の世界にはいっさい入り込まなかった。その結果、彼女の心はこういう異常な状態や条件とはいっさい無縁で、多くの人々の場合のように肉体的な病として表れることもない。

大勢の人たちは肝心なことに気づいていないから、そのような病を自然だと考え、「ものごとの永遠の仕組み」のせいで病気になるのだと思っている。

彼女の人生はすばらしいお手本だ。もし彼女が無知で、不安や心配などが思考の世界に、したがって人生に入り込むのを許してしまったら、それらはたちまち入り込んできたにちがいない。

だが彼女は賢明だった。少なくとも自分の心という王国については自分が支配者で、そこに何を入れて何を入れないかは自分で決められることをよく知っていた。

さらに彼女は、それによって自分の人生の条件を自分で決めることができるのも知っていた。太陽のように明るく、若々しい足取りであちこちに出かける彼女を見、陽気な笑い声を聞くのはじつに楽しいし、大切なことを教えられる。

シェークスピアがいったとおり、**「健やかで美しい身体をつくるのは心」**なのである。

彼女を眺めるのはとても楽しい。最近も通りで彼女を見かけた。彼女は立ち止まって遊んでいる子どもたちに交じり、それから少し足を速めて洗濯ものの山を抱えた女性と言葉を交わし、弁当箱を持って帰ってくる労働者と立ち話をし、車から声をかけた女性に挨拶を返していた。そうやって自分の豊かな人生を行き合う人々に分かち与えているのだ。

たまたま彼女を見ているときに、別の老女が通りかかった。こちらは見るからに老いていた。過ごした歳月は彼女より少なくとも十年か十五年少ないはずなのに、背中が曲がり、関節がこわばっている。むっつりと悲しそうな顔をして、厚いベールのついた黒い帽子がいやがうえにも陰気臭い印象だった。身につけているものすべてが暗かった。

この野蛮な喪の装束の名残と、当人の気分や表情によって、彼女は世界に向かって二つのことを主張していた。

ひとつは自分の個人的な悲哀と苦悩。たぶん彼女は喪服を着続けることによって、いつも悲しみを新たにしていたのだろう。それと、彼女が永遠なる善への信頼をもっていないこと、「父なる神」の限りない愛と永遠なる善を信頼していないことである。

彼女はひたすら自分の病や悲しみや苦悩だけに包まれ、喜びも希望も勇気も、触れ合う人たちにとって価値のあることはいっさい受け取りもしなければ、与えてもいなかった。

それどころか彼女は、人間の暮らしは苦しい悲しいものだと人々に考えさせ、多くの人々の苦しみを増大するのに一役買っていた。それでなくたって、暗い気分に陥る人々が多すぎるというのに。

彼女がわたしたちの友人のそばを通りすぎたときの気持ちは、わずかな首の傾《かし》げ方と表情からうかがえた。あなたの服装も態度も、あなたの年齢の女性にまったくふさわしくありませんよ――そう考えていたにちがいない。

ふさわしくなくてけっこう。そのことを神さまに感謝しよう。そして神と神の偉大なる善と愛が友人のような珍しいタイプの人をたくさん送ってくださるようにと願おう。

そしてそのような人々が千年も長生きして人類を祝福してくれるように、その人々の気高い人生が生命の躍動する影響力を大勢の人たちに及ぼしてくれるようにと願おう。そういう影響を必要としている人たちがたくさんいるのだから。

子どもの楽しい遊び心を思い出してみる

あなたは、いつまでも若くいたい、年齢を重ねても楽しく活気あふれる若さをもち続けていたい、と思われるだろうか？　**それなら、ひとつだけ注意すればいい。**

思考の世界をどう生きるか、ということだ。そのことがすべてを決定する。

「心がすべてである。あなたは自分が考えるとおりになる」といったのは、賢者ゴータマ・ブッダである。

ラスキンは「心には楽しいことだけを抱いていなさい。どんな逆境にも負けない美しい考えからどれほどすばらしい宮殿が生まれるか、誰も知るものはいない。みんな小さいころから教えられてこなかったから」といったが、このときも同じことを考えていたにちがいない。

あなたは、若いころのように柔軟で力強く美しい身体をもち続けたいと思われるだろうか？　それなら、まずそういう心をもつこと、濁った考えを心に入れないことだ。

そうすれば心が身体に現れる。心が若ければ身体も若い。それにまた、身体が心を助けてくれることにも気づくだろう。心が身体をつくるように、身体が心を助けてくれる。

考えや感情にいちばん近い条件がつねにつくり出され、それが身体に現れる。さらに内側からつくられるだけでなく、外からも同じような力が引き寄せられている。

あなたがある考えを心に抱けば、外側にある同じような考えと結びつく。**明るく希望に満ちて陽気な考えを抱いていれば、あなたは同様の考えに結びつく。悲しくて不安で落ち込んでいれば、同じような考えと結びつく。**

いつも悲しくて落ち込みがちだとすれば、あなたは無意識のうちに自分をそのような考えに結びつけているのかもしれない。もしそうなら、子どものころを思い出して、子どもらしく屈託のない楽しい考えを見つける必要がある。

遊びに興じている子どもたちの心は、無意識のうちに遊び心の流れを、その身体に引き寄せている。子どもを友だちから引き離して一人にすると、たちまちしょんぼりして活気がなくなるだろう。遊び心の流れから切り離されて、文字どおり「子どもらしくなく」なってしまうのだ。

あなたも薄れてしまった遊び心の流れを取り戻す必要がある。真面目すぎ、悲しすぎ、あるいは人生の深刻な出来事に没頭しすぎているのではないか。幼稚に愚かしくなったりせずに、遊び心をもって楽しむことは可能だ。

休みのときに遊び心を発揮すれば、仕事はもっとうまくいくだろう。年中沈んで深刻な気持ちになっていて、いいことは何もない。そんな気持ちを長くもち続けている人は、微笑《ほほえ》むことさえ難しくなっている。

十八歳から二十歳くらいになると、もっと小さかったころの遊び心を失い始める。人生のもっと深刻な面にとらわれてしまう。仕事を始めると、気がかりや不安や責任といったものがのしかかってくる。あるいは男性として、女性として、気がかりやトラブルに見舞われる人生の段階にさしかかる。

または仕事というゲームに熱中し、遊ぶ時間がなくなる。さらに年上の人々とつきあって、老人の考え方を吸収し、老人の機械的な考え方を身につけ、老人のように間違いにぶつかっても問いかけず、問いかけようと考えることもなく受け入れる。

そういうとき、あなたは重苦しい考え方の流れに向かって心を開き、そのような流れのなかにいつのまにか滑り込んでいる。そのような考えがあなたの血となり肉となってしまう。心から身体へ流れ込む見えない要素が集まり、結晶化して、あなたの姿かたちとなるのだ。

長い年月が過ぎ、あなたは自分の動きがこわばってぎごちなくなり、十四歳のころに登った木に登るにも苦労するのに気づく。あなたの心はずっと、重くて堅苦しい考えを身体に送り続けてきた。そのために、あなたの身体がそんなふうになってしまうのだ……。

よいほうへの変化も徐々に、それまでとは正反対の考えの流れを取り込むことによってのみ実現する。「至高のパワー」によって最善の道に導いてもらい、知らず知らずに流れ込んでいた不健康な思考の流れから健康な思考の流れへと転換する必要がある……。

これまでは獣のように人類の身体も弱くなり、衰えてきた。だが、必ずそうでなければならない、というものではない。スピリチュアルな知識を増やせば、身体が衰える原因がわかる。

同時に、これまでのように「力の法則」に振り回されて身体を弱め、ついには破壊するのではなく、上手に利用して身体を日々新たに力強く築き上げることができるだろう。

あふれるほど豊かな健康は生命にとって正常で自然な状態だ。それ以外は異常な状態で、異常な状態はふつう歪みの結果として起こる。

神はけっして病も苦しみも疾患もつくり出さなかった。つくり出したのは人間だ。人間が生きる法則を踏みにじったから、疾病や苦しみが生まれた。

それがふつうだと思ってきたので、わたしたちはだんだんにそれが本来とはいわないまでも、しかたがないことだと考えるようになった。

いつか、医師が身体を治療し、癒すのではなくて、心を癒し、それによって身体を癒すことを仕事にする時代が来るだろう。いい換えれば本物の医師が教師である時代、人々が疾病にかかってから治そうとするのではなく健康を保ち続けさせるのが医師の仕事となる時代だ。

さらに進んで、それぞれが自分の主治医になる時代がやってくるだろう。わたしたちの存在についてのより高い法則と調和して生き、心とスピリットのパワーに慣れ親しめば、その分だけ身体について気にならなくなるだろう。気遣いが薄れるのではないが、気にはならなくなるはずだ。

いまでも、持ち主が身体を気にしたり身体のことを考えたりする度合いが減れば、そのほうが身体のためになる、という人たちが大勢いる。**だいたい身体のことを気**

にかけない人のほうが健康なものだ。異常な考えや関心を身体に向け続けているために健康を損なっている人たちがたくさんいる。

栄養をとり、運動し、新鮮な空気を吸い、必要なだけ陽光を浴び、身体を清潔にして、あとはできるだけ身体のことは考えないほうがいい。考えるにしても、話すにしても、悪い面にこだわらないこと。

病や疾患の話はしないことだ。そんな話は聞き手だけでなく、自分自身にもよくない。相手が聞いて楽しくなる話をしよう。そうすれば、弱さや病ではなく健康や力を伝えることになる。

否定的な面にこだわれば、いつだってろくなことにならない。身体についてもそうだし、他のすべてのことについてもそうだ。

この点で、医師としての訓練を積んで、さらに内的なパワーについて研究や観察を重ねた人の次の言葉は、とても大切な大きな意味をもっている。

「病気のことを考え続けて健康になるはずはない。欠点にこだわっていて完璧になれるはずがなく、不和から調和にいたるはずがないのと同じだ。いつも健康と調和の高い理想を心にかかげておくべきである……」

健康について、そうなっては困ると思うことを考えたり、口に出してはいけない。病のことをくよくよ考えたり、症状をあれこれ気にかけてはいけない。**自分こそが完全に自分の主人だということをけっして忘れないこと。**身体の病気より自分のほうが上なんだと肝に銘じ、けっして自分を劣ったパワーの奴隷と考えてはいけない……。

子どもたちには小さいうちから、気高い考えと清らかな人生という健康な習慣によって自分と病気のあいだにしっかりした壁をつくることを教えよう。

悪事への誘惑を追放するのと同じく、死や病気のイメージや、憎悪、悪意、復《ふく》讐《しゅう》、嫉妬、肉欲などの乱れた考えを追い出しなさい、と教えよう。

悪い食べ物、飲み物、空気は悪い血液をつくり、悪い血液は悪い組織をつくり、悪い肉体は悪いモラルを生むと教えよう。

純粋な考えが清らかな人生の鍵であるように、健康な考えが健康な身体の鍵だと教えよう。強い意志力を養い、その意志力であらゆる方法で人生の敵と立ち向かいなさい、と教えよう。病人には希望と自信と明るい気持ちをもちなさいと教えよう。

思考と想像、それだけがわたしたちの可能性の限界をつくり出す。どんな人でも自分の自信を超えた成功や健康を実現することはまずない。だいたい自分で自分の障壁をつくり出しているものなのだ。

無限の生命の流れが限りなき健康をもたらす

宇宙を通じて、すべてが自分と似たものを生み出す。憎しみも羨望も悪意も嫉妬も復讐心も、みな子どもをもっている。悪い考えは悪い考えを生み、それが連鎖的に自分を再生産し続け、やがては世界にあふれる。

将来、ほんとうの医師や親は身体を薬で治そうとするより、心を正しい生き方で治そうとするだろう。未来の母親は子どもに、怒りや憎悪や悪意を偉大な万能薬である愛で和らげることを教えるだろう。

未来の医師は人々に、明るい気分や善意や崇高な行いは心臓病の薬であり、健康のための強壮剤であること、楽しい心は薬と同じように効くことを教えるだろう。

身体の健康は心の健康や強さと同じく、あなたが何と触れ合うかで決まる。この

「無限の生命のスピリット」「すべての生命の源」は、その本質からして弱さも病も寄せつけないことがわかった。

それでは、**この「無限の生命」と自分がひとつであることを充分に意識し、実践して、その豊かな流れに自分を開こう。**そうすれば、つねに清新な健康と力があなたのものになるだろう。

善意によって病は征服され
苦痛が踏み荒らしたところを健康が歩むだろう
人は自分が思ったとおりになるものだ
ならば立ち上がろう、そして神とともに考えよう

要するに、すべては「神は善であり、したがってあなたも善である」という言葉で要約できるのだ。真の自分に目覚めるべきである。真の自分に目覚めれば、自分

には身体にどんな状態が現れるかを決定するパワーがあるし、これまでもあったのだ、ということに気づくだろう。

「無限のスピリット」と自分はひとつであると気づき、その認識を実践すべきだ。神の意志はあなたの意志であり、あなたの意志は神の意志であり、「神にはどんなことも可能である」。

この「無限のスピリット」との一体感をつねに実践し、自分は「無限のスピリット」とは別だ、離れ離れだという意識を捨てることができれば、身体的な病や弱さが消えるだけでなく、あらゆる限界がなくなる。

いつか自分にもよいものが与えられる、いつかよいことが起こると考えるのはやめよう。いまの人生でよいことを実現しよう。たったいま引き寄せ、自分のものとし、現実化させよう。神に与えられた資質に忠実なあなたがたには、最善のことこそがふさわしいのだということを思い出そう。

わたしたちはパンのつもりで灰を買う

薄めた水っぽいワインを買う
どうか、真理をください――
葉が生い茂り、蔓《つる》が這《は》う
天国の銀の山々で
永遠の露を汲《く》もう

愛の秘密と力と効果

「無限の愛のスピリット」——わたしたちがその「スピリット」とひとつであると気づいた瞬間、わたしたちは愛に満たされ、すべてのものに善だけを見るようになる。

さらに誰もがこの「無限のスピリット」とひとつであることに気づいたとき、わたしたちはみんながある意味でひとつであることに気づくのだ。

この事実に気づけば、もう誰も、何も傷つけることはできなくなる。**みんながひとつの大きな身体の一部であり、その身体の一部を傷つければ、身体全体が苦しむとわかるからだ。**

すべての生命はひとつで、すべてがひとつの「無限の源」から分け与えられ、誰もが同じ生命を分けもっているのだと悟れば、偏見は消え、憎しみはやむ。愛が生まれて、最高の支配者になる。

そうなれば、どこへ行っても、誰と会っても、神を見ることができるようになる。こうして善だけを見、善だけを発見することになるし、このことには、必ず見返りがあるのだ。

偉大な真理の根本には、深い科学的な事実が存在する。「剣によって生きる者は、剣によって死ぬ」――思考の精妙な力に気づいたとき、わたしたちはすぐに、誰かに憎しみを抱いた瞬間にその悪魔的な力が相手に及び、相手のなかにわたしたちへの憎しみが生まれて、わたしたちに返ってくるのだということに気づく。

憎悪や怒りなどの情熱が肉体にどんな影響を及ぼすかがわかれば、それがどれほど破壊的で、どれほど高い代償をともなうかが理解できる。

同じことは羨望、批判、嫉妬、軽蔑など、似たようなあらゆる考えにあてはまる。そして最後には、このような感情を抱けば必ず相手よりも自分が傷つくことを悟るだろう。

さらに利己心がすべての過ちや罪の根っこであり、利己心のもとには無知があることが充分に理解できれば、すべての行動を慈しみの目で見るようになるにちがいない！

全体を犠牲にして自分の目的を遂げようと思うのは無知ゆえのことである。だから利己的な者とは無知な者のことである。

真の賢者はけっして利己的ではない。真の賢者はものごとを見抜き、偉大な身体の一部である自分は、全体が利益を得るのに応じて利益を得るのだということを理解するので、全人類のために望むことでなければ自分のために望みはしないものだ。すべての過ちや罪の根っこには利己心があり、利己心のもとには無知があるとすれば、わたしたちが自分のなかにある最高のものに従うなら、利己心や無知の表れを目にしたときに、触れ合った相手のなかに善を探し、引き出そうとするだろう。

神が神に話しかけるとき、神が答え、神が現れる。だが悪魔が悪魔に話しかければ、悪魔が答えるし、悪魔は報いを与えずにはいられない。

「彼にはいいところがまるでない」という言葉をときどき聞く。だが、そうだろうか？　そういう人には見えていないのだ。**深く探せば、どんな人のなかにも神が見つかる。**

だが、神を見いだすのは神であることを忘れてはいけない。

キリストはつねに人々のなかの最高の真理、最高の善に向かって話しかけた。彼が人々のなかに神を見いだすことを知っていたのは、まず自分のなかに神を見いだしていたからだ。

彼は収税吏や罪人と食事をともにした。律法学者やパリサイ人はそれを忌まわしいことだといった。彼らは自分の思い込みや自己中心的な考え、そして無知にすっぽりと包まれていたから、自分自身のなかに神を見いだすことができず、したがって収税吏や罪人のなかにも神が実在するなどとは夢にも思わなかったのだ。

誰かについて、その人は悪いとか間違っているという考えを抱けば、相手にそれを示唆することになる。

相手が敏感であればあるほど、あるいは主体性が弱ければ弱いほど、したがって誰かの思考の力に動かされやすいほど、その影響を受けるだろう。だから誰かを悪い人だと考えることで、その人が悪事をなすことにわたしたちも加担しているかもしれない。

同じように、誰かを正しい人だ、よい人だ、誠実だと考えれば、正しさや善良さや誠実さが相手に示唆され、相手の人生や行為によい影響を与える。出会うすべての人に愛を送るならば、その愛が相手の愛をかきたて、愛の気高く温かな影響がきっとわたしたちに返ってくる。

世界中から愛されたければ世界中を愛さなくてはいけない――その言葉には、深い科学的な原則が働いているのだ。

愛する人には愛が引き寄せられる

わたしたちは愛する度合いに応じて愛される。思考は力である。それぞれの思考が同種のものを生み出す。それぞれがふさわしい効果を担って返ってくるし、その効果の原因はそれぞれにある。

誰に知られずとも公平な考えをもちなさい
その考えが重要な働きをし
分かち合う言葉を生み出し、運命をつくり上げる
神がつくられた仕組みとは、それほどに精緻なのだから

ある友人はいつも「みなさん、みなさんを愛しています」と考えるというかたちで愛を送り続けているが、この友人の心の姿勢はとてもすばらしい。

思考は戻ってくる前に、あるいは止まる前に必ず影響を与えるという事実に気づけば、この友人が出会うすべての人々ばかりでなく世界中に祝福を与え続けていることもよくわかる。

そして友人が愛を送り続けていれば、愛に満ちた思考がつねにさまざまな方法であらゆるところから返ってくる。

動物でさえ、思考の力の影響を感じ取る。動物のなかにはたいていの人間よりも敏感で、わたしたちの思考や精神状態、感情などを大方の人間よりも素早く察知するものがある。

だから動物に出合うときは愛に満ちた考えを送るようにしてやれば喜ぶし、言葉に出しても出さなくても、動物はその効果を感じる。動物がその効果にどれほど素早く反応するか、わたしたちの愛や配慮を喜んで態度に表すか、ときには驚くほどである。

神だけに出会う世界で暮らせれば、どんなにありがたく、楽しいことか。だが、あなたはそんな世界に暮らすことができるのだ。わたしもそんな世界に暮らすことができる。

高い真理を悟れば、それに応じてそれぞれの人間の魂に神だけを見ることになる。**出会う人々に神を見ることができれば、わたしたちは神だけに出会う世界で暮らすことになる。**

すべての人に神を見いだせば、そのことによってますます神に出会うようになる。すばらしいことではないか。あなたにとってもわたしにとっても、それはすばらしいことだ！

他人をうわべで判断することなど、わたしたちには無用だ。変化したり間違ったりする姿を超えた先、変化しない真の永遠の姿を見る力が、わたしたちにはあるのだから。

その人の変わらない美しい全体像がだんだんと現れてくる。そうなったときわたしたちは大きく成長し、人を非難することはわたしたち自身を非難することだという事実に気づくようになる。

そこに気づいたならば、わたしたちの心には愛が満ちあふれて流れ出し、出会う人は生命を分け与えてくれる温かな愛の力を感じるだろう。そして同じ愛をわたしたちに送ってくれる。そうなれば世界中のどこからでも愛が引き寄せられてくる。人がどれほど愛しているかがわかれば、その人がどれほど神を見ているかがわかる。人がどれほど愛しているかがわかれば、その人が天国の王国に——調和の王国に——どこまで歩み寄っているかがわかる。「愛は律法を全うする」のだから。

ある意味では、愛こそがすべてである。愛が人生の鍵であり、愛の影響力が世界を動かす。すべてへの愛の思いだけに生きれば、すべてから愛が引き寄せられるだろう。それに対して悪意や憎悪の思いに生きれば、悪意や憎悪が返ってくる。

邪悪はブーメランのように戻ってきて
毒を流し、突き刺す

怒りは燃え上がり
癒えることのない傷を与える

あなたが抱くどの考えも力となって出ていき、どの考えも同じ考えを引き連れて戻ってくる。これは不変の法則である。

あなたが抱くどの考えも、身体に直接に影響を及ぼす。愛や優しい感情は自然で正常であり、宇宙の永遠の秩序に則《のっと》っている。神とは愛なのだから。

愛や美しい感情は生命を分かち与え、身体を健やかにするうえに、あなたのたたずまいを美しくし、声を豊かにし、あらゆる意味であなたをますます魅力的にする。

さらにまた、すべてに対して愛を抱く度合いに応じて愛が戻ってくるがゆえに、それがあなたの心に直接に影響を及ぼし、心を通じて身体にも影響を及ぼすがゆえに、あなたには外からも生命力が与えられる。

そうなれば精神的な生活も物質的な生活もつねに生き生きとして、人生が豊かになる。

憎悪やそれに類する感情は不自然で、異常で、歪《ゆが》んでおり、宇宙の永遠の秩序と調和しない。「愛は律法を全うする」のだから、その反対の憎悪は律法を直接、踏みにじることになる。

律法を踏みにじり、宇宙の法則に違反すれば、必ず何らかのかたちで苦痛が生じる。そこから逃れることはできない。こんなふうに法則を踏みにじったら、どんな結果が表れるだろう?

怒りや憎悪、悪意、嫉妬、羨望、批判、軽蔑などの考えを放置しておけば、その人を毒し、蝕《むしば》み、弱らせる。それが続けば、結局は具体的な病気というかたちで表れて、人はばらばらになって壊れてしまう。

しかも自分自身の心から発する悪影響に加えて、他の人の心からも同じ影響を呼び寄せることになる。その影響力が重なって崩壊のプロセスはさらに進む。

愛は愛を呼び、憎悪は憎悪を増殖させる。愛や善意は身体を刺激し、強くする。憎悪や悪意は身体を蝕み、壊してしまう。愛は生命を救う生命で、憎悪は死へと誘《いざな》う死なのである。

気高い心があり、勇敢な精神がある
純粋な真実の魂がある
世界にあなたの最善を与えなさい
そうすれば最善が返ってくる
愛を与えなさい、そうすればあなたの心に愛が流れ込む
窮地にあっても強くありなさい
信頼をもち続けなさい、そうすればたくさんの心が
あなたの言葉と行いに信頼を寄せるだろう

憎しみには愛をもって立ち向かえ

こちらでは何とも思っていないし、敵対されるような理由もないのに、わたしを憎む人についてはどうすればいいのか、という人がいる。

そうかもしれないが、あなたの心や気持ちがまったく敵意と無縁であれば、敵をつくることはたぶんあまりないはずなのだ。

敵対的な意識をもたないようにすること。それでもあなたの側に何の原因もないのに憎まれるとしたら、その憎悪に対しては最初から最後まで愛と善意で応じなさい。

そうすることによって、相手の敵意の影響を中和することができ、傷つかずにいられる。**愛は前向きで、憎悪よりも強い。憎悪はつねに愛に征服される。**

一方、憎悪に憎悪で応じれば、憎悪はますます強くなるだけだ。燃え上がった火に油を注ぐことになり、ますます炎は激しくなって、悪い状態がさらに激化する。そこから得られるものは何もないし、すべてが失われるのだ。

向けられた憎悪に愛を送れば、憎悪は中和されて、あなたを傷つけなくなるどころか、あなたに届きもしなくなるだろう。

それだけでなく、やがては敵を友人に変えることができる。憎悪に憎悪で応じれば自分が堕落する。憎悪に愛で応じれば自分を高めるだけでなく、あなたを憎んだ人も引き上げることになる。

ペルシャの賢人は「不機嫌な人には優しさで、ひねくれた人には親切で応じなさい。優しさはゾウでさえ髪の毛一本で導くことができる。敵には優しさでこたえなさい。平和の対極は罪である」といった。

仏教でも「誰かが愚かにもわたしに悪事をなしたら、わたしは理解ある愛の保護でこたえよう。相手から悪がくればくるほど、わたしからは大きな善で応じよう」という。

中国では「賢者は傷つけられれば、恵みを返す」というし、ヒンズー教でも「悪には善で応じ、怒りは愛で克服しなさい。憎悪は憎悪では止められないが、愛で止めることができる」という。

ほんとうの賢者は、誰も敵とは考えない。ときどき、「いいさ、きっと仕返しをしてやる」という言葉を聞く。仕返しをするつもりなのか？　どうやって？

仕返しには二つの方法がある。たぶんあなたがいま考えているように、相手がしたのと同じ、あるいはしたと思えるのと同じことをやり返す。いわば相手と同じ通貨で払うことがひとつ。

これをすれば、あなたは相手と同じところまで落ちることになり、その結果、どちらも苦しむだろう。

そうではなく、あなたがもっと大きくなって、憎悪に愛を、無礼に親切を送り、相手を高いレベルに引き上げることで、仕返しをすることもできる。

忘れてはならないのは、相手を助ければ必ず自分も救われるということである。自分を忘れてかかれば、ほとんどの場合、相手に与える利益よりも受ける利益のほうが大きくなる。

相手がしたのと同じことをしようとすれば、あなたのなかに憎悪や無礼を引き寄せる何かがあると示すことになる。あなたは当然の報いを受けたので、文句をいうにはあたらないし、もし賢明ならば文句はいわないだろう。

別の方法をとれば、あなたは効果的に目的を達することができ、勝利を手にできるし、同時に相手にも大きな善を施すことができる。それが相手にはとても必要なことは明らかだ。

こうして、あなたは相手の救い手になれる。そうすれば相手もまた別の人々の、過ちを犯してその結果として不安や苦労を抱えた人たちの救い手になるだろう。

多くの場合、そんな人々の苦労はわたしたちには計り知れないほど大きい。人間の暮らしにはもっと優しさや同情や共感が必要なのだ。
そうなればわたしたちは人をあげつらったり、責めたりはしなくなるだろう。あげつらったり責めたりする代わりに同情するだろうし、そうなればみんながもっと幸せになれる。

互いに慰め合いなさい
多くの道は厳しいのだから
足取りは重いのだから
心はとても悲しいのだから
誰も気遣ってくれないと思うとき
重い荷物がのしかかる
いつかうれしいことがあったことさえ、忘れそうになる
互いに慰め合いなさい
手を優しく握り合いなさい

愛の優しさを分かち合いなさい
友情に満ちたまなざしを向け合いなさい
恵みの言葉を惜しんではいけない
日々の糧が失われたとき——
優しい言葉は空からのマナのようなものだから

愛に満ちた生命はすべてを包み込む

悪や過ちや罪やその結果としての苦しみは、すべて無知から生じる。その偉大な事実にほんとうに気づけば、そしてわたしたちの心が正しければ、悪や過ちや罪を目にしたとき、相手に同情と共感を覚えるはずだ。

共感は愛に変わり、愛は相手への親切な行いとなって表れるだろう。それが聖なる方式というものである。

だから、弱い人々を踏みつけ、叩《たた》きのめすのに手を貸すのではなく、抱きかかえ、一人で立てるように、偉大な師（マスター）となれるように支えてやりなさい。

ただし、生命を延ばすものはすべて内側から外へと働く。人は自分のなかの意識に兆す聖性に気づき、それによってより高い法則を知ることができる度合いに応じて、さらに他者の聖性の兆しを促す度合いに応じて、それから生き方を通じて自分のなかの聖性を表現する度合いに応じて、真の偉大な師（マスター）となるのである。

考え方を教えるのではなく、手本を示しなさい。説教するのではなく、実践してみせなさい。言葉ではなく、行いで見せなさい。どう生きるべきかを理屈づけるのではなく、実際に生きてみせなさい。

生命ほどよく伝わるものはない。わたしたちが蒔《ま》いた種は、わたしたちが刈り取ることになるし、それぞれが自分と同じものを生み出す種を蒔く。

わたしたちは直接に身体を傷つけて殺すだけでなく、敵対的な思考によっても殺すことができるし、実際に殺している。そのとき殺すのは相手だけではない。自分をも殺しているのだ。

大勢の人々の悪意ある考えが集中するために病んでいる人がたくさんいる。なかには実際に生命を失う人もある。憎悪を世界に注ぎ込めば、世界は地獄と化する。一方、愛を世界に注ぎ込めば、栄光と美に満ちた天国が出現するのだ。

愛さないとは生きていないということ、生きながら死んでいるということだ。すべての人に愛を送る生命は豊かに満ち足りて、しかも美と力が拡大し続ける。そのような生命はさらに多くのものを包み込んで広がり、影響力を増大させていく。人は大きくなればさらに多くのものを愛と友情で包み込むようになる。

小さな人はさらに小さく縮んでいき、自分の「排他性」をますます自慢するようになる。愚か者でも誰でも排他的になれる。排他的になるのは簡単だ。

すべてを包むおおらかさは大きな人でなければもてないし、それが大きな人のしるしである。小さくて自己中心的で自分勝手な人だけが排他的になる。大きくて誠実で、無私な人はけっして排他的にはならない。

小さな人はいつも結果を求めて汲々《きゅうきゅう》としているが、大きな人はそんなことはしない。小さな人は認めてもらおう、世界に自分を押しつけようとしてうろつくものだが、**大きな人はどこにも出かけなくても、世界が引き寄せられてくるのだ。**

小さな人は自分だけを愛しているが、大きな人は世界のすべてを愛している。そして**大きな愛を向ける世界のすべてのなかには、自分自身も含まれていることを知っている。**

愛すれば愛するほど人は神に近づく。神は「無限の愛のスピリット」なのだから。**その「無限のスピリット」と自分がひとつであることに気づけば、聖なる愛がわたしたちのなかにあふれ、わたしたちの生命を豊かに包み、その愛が流れ出して世界中の生命を豊かにする。**

「無限の生命」とひとつであると気づけば、すぐに人間関係も正しくなる。偉大な法則と調和し、他者のために自分の生命を捧《ささ》げることで、生命を見いだすことができる。すべての生命がひとつであり、自分たちは偉大な全体の一部であるとわかる。

そうなれば、他者に尽くすことは自分に尽くすことだと気づく。また誰かを傷つければ、必ず自分が傷つくことにも気づく。一人で生きている者はより大きな人類という生命とかかわりがないゆえに、小さく縮こまった限られた生命を生きているのだ、ということも悟る。

大きな生命のなかで生命を投げ出して他者に尽くす者は、自分の生命が何千倍も何百万倍も強く豊かになり、全体にもたらされるあらゆる喜びや幸せや価値あるすべてに自分も与《くみ》することになる。その人もまた全体の生命の一部なのだから。

ここで、真に尽くすということについてお話ししておこう。

ペテロとヨハネはある日、寺院に出かけた。門を入っていくと、足の悪い気の毒な人がいて施しを求めた。その日の糧を与えるだけなら、相手は来る日も来る日も人に施しを求める気の毒な状態のままだっただろう。

だが、ペテロは代わりにほんとうに相手のためになることをした。わたしは銀も金ももっていないが、もっているものをあなたにあげよう。そういって、彼は相手の足を治してやった。こうして相手が自立できるようにしてやったのだ。

いい換えれば、**わたしたちが人のためにできる最大のことは、相手が自分で自分を支えられるようにすることだ。**

直接、助けてやることはかえって相手を弱くするかもしれない。もちろんそれが必ずしも逆効果だとは限らないし、状況によって違う。

だが相手が自分で自分を支えられるようにすることは、けっして相手を弱くはしない。つねに相手を勇気づけ、強くする。なぜなら、相手はそれによってもっと大きな強い生命へと導かれるからだ。

相手が自分自身を知るように仕向けることほど、相手を助けるよい方法はない。そして相手に自分自身を知らせるためには、相手の魂のなかで眠っているパワーに気づかせることがいちばんである。

さらに自分の魂のなかに眠っているパワーに目覚めさせるには、「無限の生命とパワー」とひとつであることを相手に気づかせ、悟らせることがいちばんだ。そうすれば、相手は「無限の生命とパワー」が自分を通じて現れ、働くようにと、それに向かって自分を開くだろうから。

社会の問題の解決策についても、根本にはこの偉大な真理が横たわっている。この真理を充分に認識して、これを基盤とするのでなければ、永続的な充分な解決策はけっして見つかるはずがないのだ。

無限の智恵と直感力の活用

「無限の智恵のスピリット」――わたしたちがその智恵に向かって自分を開く度合いに応じて、最高の智恵がわたしたちに向かって、またわたしたちを通じて現れる。

この智恵によってわたしたちは宇宙そのものの核心に行き着き、大多数の人々には隠されている謎を発見する。その謎は隠れているわけではないのだが、大多数の人々には見えないのだ。

最高の智恵と洞察を得るためには、「聖なるもの」が導いてくれることを全面的に信じなければならない。ただし、他の誰かを通じてではない。**どうして知識や智恵を得るのに、他の人のもとへ行かなければならないのか？**

神は誰もえこひいきはしない。ならばどうして、別の人を介さなければいけないのだろうか？　どうして、そのようなことをして自分の内なる力を押しつぶさなければいけないのか？　どうして、直接に「無限の源」そのものに赴いてはいけないのか？

このように「無限の源」に直接に赴くならば、もはや人や制度や本の奴隷になることはない。このような仲介者が示唆する真理については、つねに自分を開いておくべきだ。ただしそれが仲介者であって、けっして根源ではないことを忘れてはいけない。さらに、これらの仲介者を主人とするのではなく、ただの教師だと思うべきだ。

ブラウニングは偉大な真理をこんなふうに語っている。

真理はわたしたちのなかにある
あなたが何を信じるにしても、真理は外からやってくるのではない
わたしたちすべてのなかに、いちばん大切な中心がある
そこにすべての真理が満ちている

「自分自身に忠実であれ」という言葉ほど重要な教えはないし、これほど意味の深い教えもない。いい換えれば、**自分自身の魂に忠実であれということだ。**なぜならば、あなたの魂を通じて神の声が語りかけるからである。

それがあなたのなかにある道しるべ（ガイド）であり、世界のすべての人を照ら

す光である。良心であり、直感である。より高い自己の声であり、魂の声、神の声なのだ。「これが道だ、この道を行きなさい」という声がうしろから聞こえてくるだろう。

山中に入ったエリヤは、さまざまな天変地異や不思議な現象にあったあと、「細く静かな声」を聞いた。それは彼自身の魂の声で、その声を通じて「無限の神」が語ったのだ。

わたしたちが直感の声にだけ従っていれば、その声はだんだんと明確になり、わかりやすくなり、絶対に間違いのない道しるべになるだろう。

いちばんいけないのは自分自身の魂の声に耳を傾けず、その声に従わないことで、そのために、わたしたちはなかで分裂している家のようになってしまう。あっちへ引きずられ、こっちへ迷い、何にも確信がもてない。

わたしの友人に、この内なる声に注意深く耳を傾けている人がいる。いい換えれば、この人はいつもただちに直感に従うのだ。

その結果、内なる声が導くとおりの人生を歩み、いつも正しいときに正しい方法で正しいことをする。いつ、どんなふうに行動すべきかを知っていて、けっしてなかで分裂している家のようにはならない。

「無限の智恵のスピリット」に心を委ねよ

「いつも直感に従うのは危険ではありませんか？　もし直感が誰かを傷つけろと命じたら、どうするのですか？」という人がいる。だが、そんな心配は無用である。魂の声、魂を通じて語る神の声は、けっして人を傷つけろなどとはいわないし、より高い正義と真理に則《のっと》っていないことをしろと命じたりはしない。

そのようなことをしたいという衝動を感じるとしたら、それは直感の声ではないことに気づかなくてはいけない。そんな衝動はもっと低い自己の声なのだ。

理性を棚上げしてはいけないが、理性はつねにもっと高いスピリチュアルな考えで照らされていなければならないし、照らされていればいるほど、理性は光とパワーの道具として働く。

完全に主体性を確立したとき、人はあらゆる知識と智恵の領域に入れるし、主体性を確立するということは、すべての背後で働いている「無限のパワー」だけを認めることだ。

この偉大な事実を認識して、「無限の智恵のスピリット」に向かって自分を開けば、真の教育への道を歩むことになり、それまでは閉ざされていた謎が自然に明かされるだろう。

真の教育の源はすべてこうでなければならないはずだ。内側から成長するもので、「無限のパワー」が関与するものでなければならない。

わたしたちが自分を開いて、この「無限のスピリット」の声を聞けば、知る価値のあるすべてが明らかになってくるだろう。そのなかでわたしたちの洞察が磨かれて、ものごとの核心を見るパワーが備わる。

新しい星も、新しい法則も、新しい力もないが、この「無限の智恵のスピリット」に向かって自分を開けば、それまでは知らなかったものを発見し、知ることができる。それがわたしたちにとっては新しいものである。

このように真理の知識を身につければ、もう変わり続ける事実は必要がなくなる。**わたしたちは自分の内側にある静かな自分に帰っていける。そこで窓を開けて外を**

見れば、好きなように事実を集めることができる。これこそが真の智恵なのだ。

「智恵とは神を知ること」である。智恵は直感によって得られる。智恵は知識をはるかに超えている。偉大な知識、たくさんのことについての知識は、ただ記憶力がすぐれていれば得られるかもしれない。

知識は学べば得られる。だが智恵は知識をはるかに超えている。知識はより深い智恵の付属物にすぎないのだから。

智恵の領域に入ろうとする者は、まずすべての知的なプライドを捨てなければならない。幼子のようにならなくてはいけない。偏見や先入観や信念は、つねに真の智恵にいたる道を妨害する。思い上がった意見は当人の命取りになる。真理への入り口を閉ざす障害物なのだ。

宗教界にも、科学の世界にも、政治の世界にも、一般社会にも、知的なプライドが高く、自負心と偏見に凝り固まっていて、もっと大きな新しい真理が入り込む余地がない人がよくいる。

この人たちは成長して大きくなる代わりに、成長が止まって小さく縮こまってしまう。それだけでなく、真理を受け入れることができない。この人たちは世界の進歩に積極的に貢献するどころか、道に転がって進歩という車輪が進むのを遅らせかねないたくさんの枯れ枝のようなものだ。

だが、進歩という車輪が遅れることはない。枯れ枝は結局つぶされ、砕かれて、取り残され、真理という神の車輪は意気揚々と着実に前進していく。


蒸気機関がまだ実験段階で、完全に実用化されていなかったころ、ある著名なイギリス人——当時の科学界ではよく知られた人物——が、蒸気機関を外洋船に使うことは不可能であると証明する分厚いパンフレットを書いた。大洋を航海する船を蒸気機関で動かすことはできない、どんな船でも航海に必要なほど大量の石炭を積むことはできないからである、というのだった。

ところが初めてイギリスからアメリカへ航海した最初の蒸気船の船荷のなかには、なんと、この入念に書かれたパンフレットの初版が積んであったという。このころはまだ初版だけだったが、その後、多くの版が売られたことだろう。

おもしろいエピソードだが、もっとおもしろいのは、それまで正統とされていた因習的な道筋を通っていないからという理由で、あるいはすでに確立された用法や考え方に完全に合っていない、それどころか違反するという理由で（新しい真理とはそういうものなのに）、真理に対して自分から扉を閉ざしてしまう人間のほうだろう。

そうではなく、

魂にたくさんの窓を開けよう
宇宙のすべての栄光に美しく照らされるように
貧しい心に開いた一枚の小さな窓だけでは
輝かしい光は受けとめられない
光は数え切れないところから差してくる
迷信というブラインドを壊して、光を入れよう
澄んだ窓から、真理そのもののように広い窓から

そして天国のように大きな窓から……
この世のものならぬ星々の音楽に耳を傾けよう
自然の声に耳を傾けよう
植物が太陽のほうを向くように
心を真理に向け、善に向けよう
平和な高い場所から無数の見えない手が下りてきて、助けてくれるだろう
蒼穹《そうきゅう》のすべての力が、あなたを力づけてくれるだろう
恐れてはいけない
半分の真理を押しのけて、真理全体をつかむのだ

真理に対して自分を閉ざしてはならない

真理にいたる、ということについて偉大な法則がある。

知的なプライドや先入観、偏見、その他いろいろな理由で自分を閉ざし、真理が入ってこないようにしていると、「充分な真理」はどこからもやってこない。

一方、**どこからの真理であっても自分を開いて受け入れる人には、あらゆるところ、あらゆる源から真理が流れ込んでくる。**これもまた、偉大な法則が示していることである。

こうして人は自由になる。真理が人を自由にするからである。真理を受け入れない人は囚《とら》われたままだ。招じ入れられなければ、またまったく制約なしに歓迎されるところでなければ、真理は入ってはこないからである。

真理が拒否されるところでは、真理にともなう豊かな祝福も存在できない。逆に肉体的にも精神的にも、それに知的にも、衰退や病気や死が押し寄せてくる。

他人の自由を奪い、真理の追究を阻む人、自分自身で真理の解釈ができるように人を導くのではなく、上位に立とうして他人に真理の解釈を教える人は、泥棒よりもっとよくない。そういう人は相手の人生そのものに直接、害を及ぼし、この害のほうが泥棒の被害よりはるかに大きい。

どんな人であれ、誰がその人を神の限りない真理の預かり人、守護者、宣伝者に任命したというのだろう? たしかに任命されたつもりで活動して、真実を教える教師と呼ばれる人はたくさんいるが、真の教師はけっして他人の真理の解釈をしたりはしない。

真実の教師とは、生徒が真の自分自身を知り、自分のなかのパワーを意識するように仕向け、自分の真理の解釈を自分でできるように仕向ける人のことだ。

それ以外の人はたいてい自分を偉く見せたいとか得をしたいというきわめて個人的な動機に動かされている。さらに自分はすべての真理、唯一の真理を知っていると主張するのは、偽善者か、愚か者か、悪者である。

内なる光に目を向けて成長し続けよ

東洋にカエルの物語がある。そのカエルは池に住んでいて、その小さな池から出たことがなかった。

ある日、海に住むカエルが池にやってきた。あらゆることに興味をもつ海のカエルは、池に入っていった。「おまえは誰だい？　どこに住んでいるの？」。池のカエルが尋ねた。「ぼくはこういうもので、海に住んでいるんだ」「海？　海ってなんだい？　どこにあるの？」「海は大きくて水を満々とたたえている。ここからそう遠くはないよ」「海はどのくらい大きいの？」「ああ、とっても大きいよ」「このくらい？」。池のカエルはそばの小さな石を指差した。「いや、もっともっと大きい」「じゃ、これくらい？」。今度は二匹が乗っている板を指差した。「いやいや、もっと大きい」「じゃ、どれくらい大きいんだい？」「ぼくが住んでいる海は、この池よりもっと大きい。これくらいの池が何百万も入るくらい大きいよ」「馬鹿な、冗談じゃない。ぼくを騙《だま》そうというんだな、きみは嘘《うそ》つきだ。ぼくの池から出ていってくれ。さあ、出ていってくれ。きみみたいなカエルとはつきあいたくない」。

「あなたがたは真理を知り、真理はあなたがたを自由にする」と約束されている。真理に対して自分を閉ざせば、うぬぼれたままで生きることになり、そのうぬぼれがあなたを愚かにする――この言葉は、わたしは頭がいいとうぬぼれているたくさんの人たちにあてはまる。

愚かな人とは精神的な成長が止まっている人のことだ。どんな理由であれ、真理に対して自分を閉ざし、成長を止めてしまえば、たとえ愚か者と呼ばれなかったとしても愚かなことに変わりはない。

一方、誰かがいったから、本に書いてあったから、制度としてそうなっているから、というだけで、自分で確かめもせずに、すべてのことを鵜呑《うの》みにしていれば、やはり成長が止まる。

自分のなかにある光に忠実である代わりに、いつも外部にばかり目を向け、自分のなかの光をますます澄んだ明るい光に育てようとしないためにそうなってしまうのである。

大胆で勇敢なウォルト・ホイットマンの言葉にわたしたちも声を合わせるべきだ。

いまからわたしは自らを解き放つ。制約から、想像上の綱から

これからは、自分の絶対的な主人となり、自分の言葉に耳を澄ます

他の人たちがいうことに耳を傾けるときには、よくよく考え

立ち止まり、探り、受けとめて、考える

稳やかに、しかし断固として自分を縛っている絆を切り捨てよう

神の無限の真理はすべての人に平等に開かれていること、そしてそれぞれがどれほど真剣に真理を求め、自分を開くかという度合いに応じて真理が宿るということ。それは、ほんとうにすばらしいことだ。

◎

さらに日常生活でわたしたちを導いてくれる智恵についていえば、智恵がどんなふうにわたしたちに開かれているかという法則を知ったときに、知るべきこと、正しいことはみなわかるし、その智恵の有効な使い方もわかる。どうやって智恵を自分のものにするかがわかれば、すぐにすべての智恵が自分のものになることを覚えておこう。

わたしは不変の法則を抱きしめる
どんな魂も、この法則からそれたり外れたりはしない
その法則はわたしたちのなかにあり
必要なもの、大切なものはすべて、そこから導かれる

どの道を行けばいいのかわからなくなったとしたら、どちらへ曲がればいいのかわからなくなったとしたら、その原因は自分自身にある。原因が自分自身にあるのなら、その不自然な状況を正すのも自分自身なのだ。

自分のなかの光とパワーに目覚めれば――つねに目覚めていれば――そんな状況に陥ることはない。**自分のなかの光はいつも輝いているし、わたしたちに必要なのは、その光が何かでさえぎられないように気をつけることだけなのだから。**

わたしが知っているなかで、最も光に照らされた人たちの一人の言葉を聞いてみよう。その人はけっして何をすべきか、どんなふうにすべきかと迷ったりはしない。

どの道を行くべきかについて疑問がわいたら、外側にある手段や導きのすべてに

あたってみたあと、自分の内側に目を向け、耳を澄まして、疑ったり問いかけたりせずに、自然で単純で美しいプロセスの進行にまかせればいい……思いがけない当惑に見舞われて先が見えなくなったら、古い福音の言葉が指し示す単純な方向をめざすことだ。

すべて必要な方向はこの福音が教えているのだが、残念なことに福音の言葉を読みはしても、意味を汲《く》み取れない人が大勢いる。

「あなたのなかにある部屋に入り、扉を閉めなさい」これは文字どおり鍵をポケットに入れて、部屋に閉じこもることを意味しているのだろうか？

もしそうなら、陸であれ海であれ、戸外ではこの指示に従えない。だがキリストは街のごみごみした部屋よりも湖や森のほうがずっと好きだった。その教えは地球のどんな場所にも、どんな状況にもあてはまる。わたしたちはどこにいても教えに従えるはずだ。

わたしが知っているなかでいちばん直感がすぐれていた人は、街のオフィスにデスクをもっていた。そのオフィスでは数人が仕事をしていて、大声で話し合っていることもあった。だが、その人はまわりのさまざまな物音にはいっさいかき乱されなかった。

集中力があり信仰心も篤《あつ》かったから、困ったときには、まるで太古の森のなかに一人でいるようにすべてから切り離されて、ひっそりと自分自身のオーラのなかに閉じこもることができた。

難題を神秘的な沈黙のなかに持ち込んで、正面から問いかける。きっと答えが見つかると思い、答えが自然にやってくるまでじっと待つ。長い歳月のあいだ、答えが見つからなくて失望したり、間違った答えが出たという経験はまったくなかったという。

直感的に得られる真理は、日々の飢えを満たす糧のようなものだ。真理は砂漠に降るマナのように毎日与えられる。毎日、その日に必要なだけ与えられる。

その真理にはすぐに従わなくてはいけない。ぐずぐずともてあそんでいれば、真理はわかりにくくなり、ぐずぐずする時間が長くなればなるほど、現世の幻想から生まれる対立した倫理観という帳《とばり》で直感が覆われて、間違った判断をしてしまう。

魂の声だけに耳を傾けよ

宇宙の法則にはひとつの条件がある。この条件に従わなくてはならない。それは、真理を知りたいという望みだけをもち、あとのすべての望みは捨てることだ。

そしてこれが真理だと直感したら、すぐに断固としてそれに従う、という聖なる決意をもたなければならない。他のどんな感情も、真理そのものへの愛という絶対的な愛の領域に踏み込ませてはいけない。

真理に従うこと、そして期待と願望は花嫁と花婿のように切り離せない組み合わせだということを忘れないことだ。そうすれば、それまでは暗かった道が清らかな光で明るく照らされることに、すぐに気づくだろう。自分のなかに天国があれば、外側の天国はみな絶え間なく力を合わせてくれるからだ。

これを「沈黙」のなかに入っていくこと、といってもいいかもしれない。この世に生まれ出た人すべてを照らす光を感じ、その光の導きに従うことだ。**自分の魂の**

声、より高い自分自身の声に耳を澄まし、その声に従うということである。

魂は神聖だ。その魂を通じて「無限のスピリット」が入ってくるようにすれば、すべてが見えるようになる。「聖なる光」に背を向ければ、すべてが隠されて見えなくなる。

じつは隠されているものは何もない。スピリチュアルな感覚が開かれていれば、肉体的な感覚や知性の限界は超えられる。

その限界を超えて、実生活も「無限の生命」とひとつであることを認識できたならば、その度合いに応じて、魂の声がつねに語り続けるところに、そしてその声に従えばけっして間違わず、つねに聖なる光と導きに出合えるところに行くことができる。

このことを知って、そのとおりに生きるならば、来世ではなく、いまの世で毎日天国で暮らすことができる。

その天国は誰の魂にも開かれている。正しい方向に顔を向ければ、花が咲き、風が吹くように、自然に単純に天国が開かれる。

その天国はお金で買うこともできないし、値段もつけられない。豊かな人も貧しい人も、王侯も農民も、主人も召使いも、全世界の人が実現するのを待っており、すべての人が平等にその天国を受け継いでいくのだ。農民が先に天国を見いだせば、王侯よりもはるかに美しく力強い暮らしができる。召使いが先に天国を見いだせば、主人よりもすぐれた暮らしができる。

この世界だけでなく、あらゆる世界で考えうる限り最も気高く、満たされた、豊かな人生を見いだしたければ、「神の生命」と自分の生命は別々であるという感覚を捨てることだ。

自分は神とひとつであるという思いをしっかりと抱きしめなさい。その思いの強さの度合いに応じて、思いは現実になるだろう。「神の生命」と一体である生命を生きれば、どんなすばらしいことも実現することがわかる。すべてはそのなかに含まれているのだから、すべてがあなたのものになる。

不安や予測を捨てて、日々自分の手が触れることを行い、明日が来たら明日を迎え入れればいい。明日という日が明日の糧を、精神的な糧もスピリチュアルな糧も実生活の糧も運んでくれることを知っていればいい。

ただし、明日の糧は明日にならなければ必要はないことを忘れないように。

「法則」に完全に身を委ねれば、「法則」はけっして裏切りはしない。中途半端に身を委ねると不確実になり、不満足な結果になる。「神性」より確かで確実なものはない。「神性」は全面的に身を投げかける者をけっして裏切らない。

生きる秘訣《ひけつ》とは、つねにそれを忘れないこと、何をしていても、どこにいても、昼も夜も、起きていても眠っていても忘れないことだ。眠っているときでも、目覚めているときと同じように、真理に従って生きることはできるのだ。

ではここで、眠りについて考えてみよう。眠っているときに、指示や光を受け取ることはできるのだろうか？

眠っているとき、静かに休んでいるのは身体だけだ。魂はすべての活動を続けている。眠りは自然が身体を回復させるための仕組みだ。いらなくなったものを捨てて新しい身体をつくり、目覚めてまた活動を続けられるようにする。

眠りは身体を回復させる自然の偉大な手段だ。身体に充分な眠りが与えられないと身体のつくり替えがうまくいかず、いらないものが増えて、身体はだんだん衰えて弱くなる。そうなると病気が入り込んでくる。

だから睡眠不足で疲れていると風邪をひきやすいといわれる。身体はいつもより外部の影響を受けやすくなる。影響を受けやすくなれば、いちばん弱いところに影響が出る。

わたしたちの身体は、ふつうに使っているよりももっと高い目的に役立つようにつくられている。身体が主人になっているような場合はとくにそうだ。そういう場合がたくさんある。

心とスピリットの高いパワーを認識する度合いに応じて、身体は心の影響を受け、中身もかたちも軽やかに美しくなる。

また心は心自身や関連する気高い事柄のすべてに楽しみの王国を見つけるから、食べすぎや飲みすぎもなくなるし、その他の行きすぎもすべて自然に消えていく。

さらに重くて粗雑な価値の低い食べ物や飲み物への欲求も、動物の肉やアルコールへの欲求も、身体と脳を強健にきれいに豊かに強靭《きょうじん》にして耐久力をつけるというより身体や感情をただ刺激するものすべてへの欲求も消える。

こうして身体ががさつでなくなり、中身もかたちも軽やかに美しくなる度合いに応じて、いらないものが減るし、そういうものがあったとしても簡単に入れ替えられて、いつも変わらない落ち着いた状態が保たれるようになる。

そうなれば実際には睡眠も少なくてすむし、軽やかで美しい身体にはそうでない身体よりも睡眠が効果的に働く。

眠っているときも魂は活動している

こうして身体が美しくなれば——いい換えれば発達のプロセスが加速されれば——心と魂がより高い状態を実現するのもたやすくなるし、心が身体をつくり替えるように、身体も心を助けるようになる。

ブラウニングが次のように歌ったときに考えていたのも、同じことにちがいない。

「すべてのよきものは、わたしのもの」と叫ぼう

魂が肉体を助ける以上に、いまは肉体が魂を助ける

したがって睡眠とは身体を休め、つくり替えるものだ。魂は休む必要がなく、身体が眠って休んでいるあいだも、魂は身体が活動しているときと同じように活発に活動している。

魂の活動を深く見抜いている人のなかには、わたしたちは眠っているときに旅をしている、という人がいる。その訪れた場所を覚えていて、目覚めてからその訪れた場所や得た情報、起こった出来事などの記憶を、意識のある暮らしのなかに持ち込める人たちもいるという。

ほとんどの人にはそれはできないし、せっかくの体験も消え去ってしまう。だが人は「法則」をどれだけ理解しているかに応じて、行こうと思うところへ行き、そこで経験したことを目覚めて意識のある暮らしに持ち込む能力が、備わっているといわれる。

あるいはそうかもしれない。とにかく眠っているときであっても、ごく自然かつ正常な意味でのパワーがあって、光や指示を得たり成長したりすることができるのだが、いまのところ多くの人はそれに気づいていない。

「無限のスピリット」とかかわりをもつわたしたちの魂の世界がいつでも、身体が眠っているあいだでも活発に活動しているなら、眠りに落ちて身体が休んでいるときには、心が主体となり、魂から光を受け取って、それを意識のある目覚めた暮らしに持ち込むことも当然ありうるのではないか？

現実にそうしたことが起こり、そこから大きなものを得る人がいるし、多くの場合、**魂の最高のインスピレーションは眠っているあいだに届くものである。**これはごく自然なことなのかもしれない。眠っているあいだは物質的な外の世界とのコミュニケーションがすべて断たれているのだから。

眠っているときにたくさんの仕事を片づけた人、望む方向で光を受け取った人をわたしは知っている。眠りにつくときに、何時に起きようと心にいい聞かせておくと、ちょうどその時刻に目が覚めるという人は多い。

起きているときにはどうにも解決のつかない難しい問題が眠っているあいだに解

けたというケースも珍しくはない。

眠りのなかで心を働かせる方法

著名なジャーナリストである友人は、この方法で立派な記事を書き上げたことがある。彼女はよくこの手段に頼るという。

ある日の午後、編集長から翌朝までに記事を一本仕上げておくようにと指示された。それはとくに手のかかる調査が必要な記事だった。彼女はその分野には詳しくなかったし、いろいろと情報を探したが、あまり成果がないように思われた。デスクに向かったものの、いつもの力すら発揮できない。失敗は目に見えていた。ほとんど絶望的な思いにかられた彼女は、いったん仕事を切り上げることにした。

そして眠っているあいだにできるだけ多くの助けが得られるように心の状態を仕向けておいて、床についていて朝までぐっすり眠った。

目覚めたとき、まず心に浮かんだのは前夜の仕事だった。彼女は何分か、静かに横になっていた。すると完璧に書き上げられた記事が目の前に浮かんできた気がした。

その記事の全体を確認してから起き上がった彼女は、着替えもせずにペンをとり、原稿用紙に向かった。まるで完成した文章を書き写しているように、ペンはさらさらと進んだ。

ある方向に向かって働いている心は、他の思考に邪魔されない限り、そのままの働きを続ける。

眠っているあいだ、休んでいるのは身体だけで、心と魂は活動しているから、**眠るときにある方向に向けられた心はその方向に向かって進み続け、目覚めたときにその活動の成果を意識のなかに持ち込む。**

この方法ですぐに成果を上げられる人もいるし、時間がかかる人もいるだろうが、倦《う》まずたゆまず努力すればだんだん上手になるはずだ。

そうなれば、心のパワーを引き出す法則のおかげで、わたしたちは眠っているときにも、眠りに入る前に抱いていた考えと同じような考えの影響を受け取れる。なぜなら、心はつねに働いているから。

そこで、わたしたちは眠っているあいだにどんな考えの影響を受けるかを自分で選べるし、そこから大きな成果を得ることもできる。

心の能力はいろいろな意味で、目覚めているときよりも眠っているときのほうがオープンで柔軟だ。だからこそ、**どんな思いを抱いて眠りに落ちるかについては、よほど気をつけなくてはいけない。**心が引き寄せるのは、すでに心が抱いていた考えと同じ種類のものだからだ。

どんな考えを抱くかを決めるのは自分自身なのだ。

心を安らかにし、直感力を研ぎ澄ます

この法則を理解し活用すれば、同じ理由で——心の柔軟性を高めることで——物質的な世界で五感がフルに働いているときにも、貴重な直感を得ることができる。次のような方法を実践してみると、きっと有効だということがおわかりだろう。

何らかの方向に沿った光や情報が欲しいとき、自分にとって大切な正しい光や情

報を求めているとき、たとえばこの先どんな行動を選べばいいかを知りたいときには、まず心を安らかに落ち着かせる。そうすると、あなたは調和のとれた状態になり、外からも調和のとれた状態が引き寄せられてくる。

その安らかな気持ちのなかで、必要な光あるいは情報が欲しいという願いを静かに発信する。そのとき、心からあらゆる不安やいやな予感などを取り除いておくこと。「落ち着いて信頼すれば、あなたがたは力を得る」からだ。目が覚めたらきっと望んだようになると信じ、期待する状態に心をもっていくようにする。

目が覚めたら、外界の思考や活動に気をそらされる前に、直感やインスピレーションを受け入れやすい態勢をしばらく維持する。直感がはっきりしたかたちで訪れたら、すぐにそれを行動に移す。これを続けていけば、直感力はさらに増していくはずだ。

あるいは、利己的な気持ちからではなく、何らかの自分の能力を伸ばしたいとか、もっと健康になりたい、身体に力をつけたいと考えたときには、自分が望んだり必要だったりすることにふさわしい状態に心をもっていく。

そうすれば、あなたが望む結果をもたらすような力に向かってあなた自身が開かれ、その力とつながり、自分自身のなかでその力が働き始める。**自分の願いを口に出すことを恐れてはいけない。**願いを口に出せば、その願いに共振する力が発信され、それがどこかで感じ取られ、他の力を揺り動かしたり集めたりして、あなたの望みを実現してくれる。

より高い法則と力に調和して生きている人には悪いことは何も起こらない。自分に与えられたパワーを知って賢く活用する人は、どんな望みも叶《かな》うだろう。

眠りにつくとき、愛と善意の気持ちを送り、すべての人々の安らぎと調和を願う思いを発信するだけで、いっそう穏やかで安らかに眠ることができ、より活力を得て、精神的、肉体的なパワーもスピリチュアルなパワーもいっそう強くなるだろう。そのとき、あなたは平和と調和をもたらす宇宙のあらゆる力と結びついているのだ。

人道的な活動で世界に知られた友人が話してくれたのだが、真夜中にとつぜん目が覚めて、仕事に関係するインスピレーションや計画がぱっと心に浮かぶことがよくあったという。

そこで静かに横になって心を開いていると、成功間違いなしの方法までがすべてはっきりと見えてくる。この方法で思いもよらなかったたくさんのことが計画され、成功に導かれたのだが、それは世界全体にとってもすばらしい成果を上げることだった。

この人は非常に敏感で、「より高い法則」に完璧に調和した人生を送り、天職として選んだ仕事に全身全霊を捧《ささ》げているが、そのインスピレーションがどこからどんなふうにやってくるのかは、よくわからないという。

それぞれに考えはあるだろうが、ほんとうのことはたぶん誰にもわからないだろう。だが、少なくとも宇宙のより高い法則に調和した人生を送っている者には、そしてその法則に自分を開いている者にはインスピレーションが訪れることは確かだし、それさえわかっていれば充分なのではないだろうか。

高いビジョンやインスピレーションは、正しい条件が整っているところに訪れる。このような問題について深く研究した人はこういっている。

眠っていて身体が休んでいるときにスピリチュアルな教えを受け取ることはごく

自然で正常な体験だし、一見実体があるように見えてじつはそうではない外部的な要件を心配するよりも、もっと内的な状態に関心を向けるようにすれば、そのような体験は誰でもできるし、成果も上がるはずだ、と。

いま、そしてこれからのわたしたちをつくるのはわたしたちの考えであり、その考えは昼間よりも夜のほうが活発であることが多いものだ。

眠っているときには外界から遮断されて、心のなかの世界に向かってはっきりと目覚めている。その見えない世界のほうが実体のある場所で、精神と良心がその世界をつかさどっている。

外に向かう道である五感から情報を得ていないとき、わたしたちは内的な知覚を通じて指示を受け取る。**これがどれほど大切な事実か理解できれば、誰でも自分がいちばん知りたいことを心に抱いて眠るようになるだろう。**

ファラオのような人物は夢を見るし、家来のパン焼き職人も夢を見る。だが、ヨゼフのように真の洞察力に恵まれた人は夢を見て、さらにその夢を解釈する。

ではなぜファラオには夢を解釈する力がないのだろう？　なぜヨゼフのような人は「真の洞察力に恵まれて」いるのか？　どうして彼は夢を見るだけでなく、自分の夢や他の人の夢を解釈するパワーがあるのか？　二人の人生について読んでみればいい。「預言を読むものは急使になって走るだろう」――真のパワーはすべて、その持ち主の人生に現れているものである。

そして、その生き方によって、当人が最高のパワーと喜びを得るだけでなく、全世界にとってもいっそう役立つことになる。

誰でも自分がその気になれば地獄から逃れられるし、当人がその気になったときには宇宙のすべてのパワーをもってしてもその人を地獄に引きとめておくことはできない。誰でも自分が選べば天国に行くことができるし、当人が選んだときには、宇宙のより高いパワーが集まってその人を助けて引き上げてくれる。

毎朝、世界は新しくなる

眠りから覚めて意識的な世界に戻るとき、人はとくにインスピレーションや直感を受け入れやすい。物質的な世界との関係はすべて一時的に閉ざされて、心はさらに自由で自然な状態にある。

それは、どんな印象でも簡単に跡を残せる敏感な板のようなものだ。だから**真実の最高のインスピレーションは早朝、一日の活動が始まる前、日常的な営みで気が散らないうちに訪れることが多い。**早朝にすぐれた仕事をする人が多いのもそのためである。

このことは日常生活でもとても大切だ。早朝の心はきれいな白紙のようなもの。心の活動を気高く望ましい道に向ければ、この静かで柔軟で敏感な時間を賢く活用して、一日を方向づけることもできる。

毎朝が新たな始まりだ。いってみれば、わたしたちが人生を始めるのだ。人生のすべては自分の手に握られている。朝が新たな始まりをもたらしてくれるとき、昨日はすべて昨日になっていて、もうわたしたちとは何の関係もない。昨日をどう生きたかが今日を決めるということだけを知っていればいい。

そして朝が新たに始まるとき、すべての明日は明日であって、これもまたわたしたちには何の関係もない。ただ今日をどう生きるかが明日を決めるということだけを知っていればいい。

毎日が新しい始まりだ
毎朝、世界は新しくなるのだ
悲しみや罪に悩むあなたよ
ここにすばらしい希望がある
わたしの希望、そしてあなたの希望

過去はすべて過ぎ去り、終わったのだ
ことは起こり、涙は流された
昨日の過ちは昨日で終わり
血を流し、うずいた昨日の傷は
夜のうちに癒される

過ぎ行くままにまかせよう
どうすることもできないのだから
取り返しはつかず、償いもできないのだから慈悲深い神は受け入れ、許してくださる！
新しい日々だけがわたしたちのもの
今日はわたしたちのもの、ただ今日だけが

輝き渡る空があり
生まれ変わった大地がある
疲れていた手足も軽やかに動く
朝の太陽を見上げよう
冷たい朝露の聖油を分かち合おう

毎日が新しい始まりだ
わたしの魂よ聞け、あのすばらしいリフレーンを
古い悲しみも、古い罪も
投げかけられた謎も、訪れるかもしれない苦痛も忘れて
さあ元気に、新しい一日を始めよう

この新たな一日の始まりの最初の時間、豊かな栄光に満ちた時間、荘厳な永遠の可能性をはらむ時間、その時間のあとに一時間一時間が続くが、その順序はけっして狂わない。

これが人間をつくる秘訣である。この簡単な方法で誰でも考えうる最高の人生を実現できるし、どんな思いもいつか、どこかで、何らかの方法できっと実現する。

誰でもそんな人生を送ることができる。**心から真剣に本気で願うならば、一時間たりとも自分の最高の人生を生きられない人はいない。**

心から本気で最高の人生を送ろうとすれば、同類を引き寄せるという法則に従って、少しずつ少しずつ最高の人生に近づき、ついには自然に最高の人生を送れる日が来る。そうなったならもう何の努力もいらないのだ。

こうして、宇宙の最高、最善のものを愛し、その仲間になることができる。そうなれば、宇宙の最高、最善のものがその人を愛して、仲間になってくれる。あらゆる場合に助けてくれるし、すべてを思いのままに成就してくれるようにみえる。もちろん最初に手を差し伸べたのは、その人なのである。

完璧な安らぎの実現

「無限の平安のスピリット」――わたしたちがそのスピリットと調和したとき、平安の潮がわたしたちに流れ込む。平安とは調和のことであり、偉大な真実の底には深い内的な意味がある。

それは「スピリチュアルな心とは、生命と平安である」ということだ。わたしたちはスピリットであるという事実を認識し、その思いを生きることが、スピリチュアルな心で生きることであり、それは調和と平安なのだ。

わたしたちのまわりには心配事や問題を抱え込み、心が安らかであることがなく、何とか安らぎを見つけたいとあちこち駆け回っている人たちがいる。そういう人たちは遠い外国へ旅をし、戻ってきて、それでもまだ安らぎを見つけられない。

もちろん、そんなやり方では見つけられるはずはないし、これからも見つけられないだろう。なぜなら、彼らはあるはずのない場所を探しているからだ。

安らぎは自分の内側で探すべきなのに、そういう人たちは外で探している。**安らぎは自分のなかにしか見つからないし、自分のなかに見つからなければ、どこにも見つかりはしない。**

平安は外の世界にあるものではなく自分の魂のなかにある。わたしたちは平安を求めていろいろな道をたどり、身体的な欲求や情熱を通して、またあらゆる外部的な手段を通してそれを見いだそうとし、あちらへこちらへと探し回るだろうが、平安はいつも手の届かないところにあるように思えるだろう。

なぜなら、あるはずのない場所で探しているからだ。だが身体的な欲求や情熱を自分のなかの魂の導きに合わせるならば、もっと高いかたちの幸福や平安を得ることができる。それができなければ、病気や苦しみや不満につきまとわれることになる。

神とひとつになるとは、平安であるということだ。子どものような単純さ――神とひとつになるには、それがいちばんだ。子どものように単純になるとは、「父なる生命」と自分の真の関係を知っているということだ。

自分の生命と「無限の生命」がひとつであることに気づき、沸き立つような喜びにあふれる人生を送っている人々を、わたしは知っている。

いま思い出す一人はまだ若く、神経の衰弱から身体を壊してしまい、何年も病気がちだった。彼は人生は生きる価値がないと思い、人間も含めて何もかもを暗い目で見ていたから、彼に会う人たちもみんな暗い気分になった。

だが少し前に彼は自分と「無限のパワー」とはひとつであると悟り、聖なる流れに完全に自分を開いた。おかげでいまではすっかり健康になり、会うたびに「生きているって、なんとすばらしいのだろう」と叫ぶ。

知人の警察官は、夕方仕事が終わって帰宅するとき、「無限のパワー」との一体感をありありと感じることがあると語った。そんなときは「無限の平安のスピリット」に満たされて、わくわくしてうれしくてたまらず、身体まで浮き上がり、地に足がつかないような気がするという。

この一体感を感じる人々は何も恐れない。いつも守られていると感じるし、そう感じることでますます完璧に守られる。

こういう人たちは魔法のような人生を送っているように見える。何かを恐れたとたん、わたしたちはその恐れが実現する扉を開いてしまう。

動物をまったく恐れていない人は傷つけられない。だが恐怖を感じたとたん、危険が生まれる。イヌのような動物はすぐに相手が抱いている恐怖を感じ取り、敵意を抱いて襲いかかろうとする。

「無限のパワー」との一体感を感じていれば、その度合いに応じて穏やかで静かな心でいられるし、以前は苛立《いらだ》ったり不安に感じたことにも煩わされなくなる。人を正しく見抜くから、他人にも失望しなくなる。相手の魂に入り込み、そこにある動機を見ることができるようになる。

◎

友人がある紳士と会ったとき、その紳士はいかにも心のこもったようすで友人の手を取っていった。「やあ、〇〇さん、お会いできてほんとうにうれしいですよ」。だが友人はすぐに相手の本心を見抜き、まっすぐに目を見て答えた。

「いや、あなたは勘違いをしている。わたしに会ってうれしいとは思っていないでしょう。それどころか当惑している。その証拠に顔を赤くしているではありませんか」

すると紳士はこのように答えた。

「しかしまあ、世の中にはたてまえというものがありますからね、ときには心にもないことをいったりしたりします」

それに対して友人はもう一度相手を見返していった。

「いやいや、それも勘違いです。ささやかなアドバイスをしましょうか。たてまえだのかっこうだのを気にするより、いつも真実を認めて口に出すほうがずっとうまくいきますし、自分を大切にすることにもなりますよ」

相手の本心を正しく見抜くことができれば、人に失望しなくなる。人をむやみに崇《あが》めることもなくなる。人を崇めれば、きっと失望するはめになる。遅かれ早かれ必ずがっかりさせられるし、だいいち、それは友人たちに対してフェアではない。

「平安のスピリット」と調和すれば、友人であれ敵であれ、いやなことを聞かされ、不愉快な扱いを受けても、心を乱されなくなる。

自分は正義と真実と公正という永遠の原理に忠実に生きて仕事をしていると感じている限り、また、すべてを律し、結局はすべてを支配する原理に従っていると思える限り、心を乱されることは起こらないし、すべてのことを穏やかに落ち着いて受けとめられる。

悲しみや苦痛を感じさせることや人との死別も、もうわたしたちから何も奪うことはできない。真の智恵があれば、見るべきものを見て、すべての正しい関係を知ることができるからだ。そういう正しい認識に達している人の魂は、死と呼ぶ変化によって友人を失っても悲しみはしないだろう。

そのような人は、死などというものはなく、一人ひとりは「永遠の生命」に与《くみ》しているばかりでなく、いつまでも「永遠の生命」の一部であることを知っているから。物質的な身体から抜け出たからといって、真の魂の生命には何の影響もないとわかっているからだ。

そういう人は高い信仰から生まれた静かな「スピリット」によって、次のようなことを知っているし、自分より弱い人にはそのことを教えてあげるだろう。

愛する友よ！　賢くおなり
泣き濡《ぬ》れた目をすぐにお拭き
棺台の上にあるものに
涙を流すことはない
それはただの貝殻

真珠がなくなった貝殻だから
貝殻などはほうっておきなさい
真珠だけが——魂だけが——すべてなのだから

別れということについては、「スピリット」には境界などなく、身体をもった人どうしであれ、身体をもった者ともたない者であれ、スピリチュアルな再会ができることを知っている。高いスピリチュアルな生命を生きることができれば、高いスピリチュアルな再会が可能になるのだ。

わたしたちが何かにすなおに自分を開けば、その何かが必ず実現する。昔の人は天使を見られると考えていたから天使を見たのだ。昔の人に見られて、いまのわたしたちに見られない理由は何もない。昔の人たちのもとを天使が訪れて、わたしたちには訪れない理由など何もないのだ。

すべてを律する偉大な法則は昔もいまも変わってはいない。わたしたちに天使が訪れてくれないとすれば、それはわたしたちが招き寄せないからだ。わたしたちがドアを閉ざしていて、天使が入れないからだ。

いつどこにいても安らぎに満たされている人

「平安のスピリット」に満たされ、自分を開けば、その度合いに応じて平安が流れ込んでくるから、いつどこにいても平安でいられる。

平安に向かって自分を開けば、あらゆる源から平安が引き寄せられてくるし、平安を引き寄せて体現していれば、その度合いに応じて人にも平安を分かち与えることができる。そうすればわたしたちは平安そのものになり、どこへ行っても祝福を与えることができる。

二、三日前、わたしはある女性が男性の手を取って（その男性の表情には神が表れていた）こういっているのを聞いた。

「ああ、あなたにお会いできてよかった。この何時間か、わたしは不安でたまらず、ほとんど絶望していましたのに、あなたにお会いしたとたんに、重荷がすべて消えてなくなりました」

――わたしたちのなかにはいつも祝福と慰めを与える人、その人がいるだけで悲しみが喜びに、不安が勇気に、絶望が希望に、弱さが強さに変わる人がいるものだ。そういう人は真の自分にはそのようなパワーがあることに気づいていて、行く先々でそのパワーを発揮する。自分の中心を見つけ出した人だ。

そして、**偉大な宇宙のなかでも中心はひとつしかない。宇宙のなかで、そしてすべてを通じて働いている「無限のパワー」だ。**

自分の中心を見つけ出した人とは、自分がこの「無限のパワー」とひとつであると気づいた人、自分はスピリチュアルな存在であり、神とはスピリットであると気づいた人なのである。

それこそがパワーのある人だ。そういう人は「無限」に中心を置き、「無限」とつながっている。宇宙の偉大な発電所と結ばれているようなもので、そういう人はあらゆる根源からパワーを引き出し続ける。

「無限」に中心を置いて、自分を知り、自分のパワーを意識していれば、その心から発する考えは強力で、同じものを引き寄せるという法則によってあらゆる場所から同じく強力な考えを抱いている人たちの助けを呼び寄せる。こうして宇宙的な思考と結びつくのだ。

すなわち、もっている者には与えられる、ということなのだ。それが単純で自然な法則なのである。

強くて前向きで建設的な考えをもっている人は、何をやってもつねに成功するし、あらゆるところから支援が与えられる。彼が見るもの、理想をもってつくり出すものは、この強力で建設的な考えを通じて、物質的な世界に表現され、かたちをとり、現実化する。無言の見えない力が働いて、遅かれ早かれ見えるかたちになる。

こういう人には不安や失敗を恐れる気持ちはけっして浮かばない。もし浮かんでもすぐに追い払うから、影響されることはない。外からやってくる不安や恐怖を寄せつけないのだ。

彼はそういうものとは別の考えのなかにいる。したがって、力を削《そ》いで失敗をもたらすような不安やためらい、悲観的な考えに動揺することはない。

悲観的で不安な人は、自分のなかで生まれるそういう思いによって自分のエネルギーや身体を衰弱させるだけでなく、外からも同じ思いを引き寄せ、当人だけでなくまわりの人までも、弱さや不安や否定的な考えの犠牲にしてしまう。

こういう人は力を伸ばす代わりに弱めてしまう。実際に弱くて不安で否定的な人と同じ考えを抱くために、自分がもっていた力までも奪われる。これもまた単純で自然な法則が逆方向に働いているだけなのだ。

もっているものを失うのではないかと不安で、ナプキンのなかに隠す――なるほど。だが「失うのではないかという不安」の代償は、きっと払わされることになるものである。

力強い考えは内側でも力を育てるし、外からも力を引き寄せる。弱い考えは内側でも弱さを現実化するし、外からも弱さを引き寄せる。勇気は力を生み、不安は弱さを生む。だから勇気は成功を生み、不安は失敗を生む。

自信と勇気のある人は環境を支配し、世界に自分の力を感じさせる。自信がなくて弱く、不安に怯《おび》えて力を発揮できない人は、まわりに振り回される。

人に起こることの原因はその人のなかにある。自分に何が起こるかを決める力は自分にある。目に見える物質的な世界のものごとの原因は、見えないスピリチュアルな思考の世界にある。

スピリチュアルな世界が原因で、物質的な世界は結果なのだ。どんな結果が起こるかは、つねにどんな原因があるかで決まる。見えない思考の世界での生き方が、見える物質的な世界に現実化するのだ。

物質の世界を変えたければ、思考の世界を変えなければいけない。この偉大な事実をしっかりと認識すれば、いまは絶望の淵《ふち》に沈んでいる大勢の人たちが成功できるだろう。

そして、健康も訪れる。いま病気に苦しんでいる人たちが健康になり、強くなるだろう。不幸に打ちひしがれている人に平安と喜びがやってくるだろう。

勇気をもって不安の鎖から脱却せよ

だが、なんと大勢の人たちが不安の奴隷になって暮らし続けていることか。その人たちのスピリットは強くて力にあふれているはずなのに、弱さと無能に負けている。エネルギーが衰え、努力しようにも力が麻痺《まひ》している。

「あらゆるところに恐怖がある——欠乏の恐怖、飢餓の恐怖、世間の目への恐怖、親しい人の目への恐怖、いまあるものを明日は失うかもしれないという恐怖、病気の恐怖、死の恐怖。

大勢の人にとって、恐怖が習慣になっている。あらゆるところに不安が存在する。あらゆるところから、そんな考えが投げかけられる……いつも恐怖にすくみ、何かを恐れている。

愛を失うことを恐れ、金を失うことを恐れ、地位や立場を失うことを恐れていれば、失うことを恐れているものを確実に失うことになる」——。

恐怖からは何も得られないどころか、すべてを失うことになるのだ。「たしかにそうだろうが」という人がいる。「しかし、恐れずにはいられない。不安になるのを、自分でもどうしようもない」。

自分でもどうしようもない、だって！　その言葉が恐怖の大きな原因を物語っている。まだ自分自身を知ってもいないことを証明している。

自分の力を知るためには自分を知らなければならないし、自分のパワーを知るまでは、そのパワーを賢く活用することはできない。

自分でもどうしようもない、などといってはいけない。どうしようもないと考えれば、どうすることもできない。

何とかできると考えて行動すれば、何とかできるかもしれないだけではない。しっかり信じて行動すれば、必ず何とかできるものなのだ。

ヴァージルは、レースに勝つにちがいないと考えたチームについてこういった。

「彼らは勝てると思っているから勝てる。いい換えれば、勝てると思う心がスピリチュアルな力を身体に注ぎ込んで、力と耐久力を与えるから勝てるのだ」。

だから、できると考えよう。必要ならば、その考えの種を意識のなかに蒔《ま》いて育てよう。その種はいつかは大きく育って、あらゆるところから力を集める。

いまはばらばらであまり役に立たないあなたのなかのスピリチュアルな力の焦点を絞り、積極的に働かせてくれる。そして、外からも力を引き寄せる。同じ考えをもつ、恐れを知らない強くて勇敢な人たちからの助けを呼び寄せる。

あなたは同じ種類の考えを引き寄せ、その考えとつながる。心から真剣に信じれば、やがてはすべての不安が消えるときが来る。まわりに振り回される弱い存在ではなくなり、まわりを支配する力強い塔のようにそびえたつ自分を発見するだろう。

日常生活でも、もっと信じる必要がある。善のために働く力を信じ、「無限の神」を信じ、「神をかたどってつくられた」自分を信じるべきだ。

いまは何が起ころうとも、どんなに暗い状況に見えようとも、「**太陽や宇宙の無限のシステムを動かす至高のパワーがわたしたちを動かしている**」事実を知っていれば、世界がうまく動いているのと同様にすべてがうまくいくと信じられるはずだ。「神を信頼している者を、神は平安のうちに守られる」

「聖性」以上に堅固で安全で確実なものはない。そして、その「無限のパワー」に自分を充分に開くことができ、わたしたちのなかで、わたしたちを通じて、そのパワーが作用するようにできるとわかっていれば、ますます自信がもてるだろう。

そうすることによって、わたしたちは「無限のパワー」とともに働くことができ、「無限のパワー」もわたしたちとともに働いてくれる。そのときわたしたちは、すべては善を愛する者にとってよいように動いているという事実を充分に認識することができる。

そのとき、それまで私たちを支配していた恐怖や不安は自信に変わり、その自信は正しく理解され、正しく活用されれば、何ものにも負けない力になる。

物質主義は必然的に悲観主義になる。それしかないではないか？　わたしたちのなかに、わたしたちを通して、それにあらゆるところに「スピリチュアルなパワー」が働いていて、そのパワーは正しいと知っていれば、楽観主義になる。

悲観主義は弱さにつながり、楽観主義はパワーにつながる。「聖性」に自分の中心を置いている者はどんな嵐も乗り越えるばかりでなく、自分のなかにあるパワーを信じて、嵐のときも晴天のときと同じように落ち着いて穏やかでいられる。

なぜなら、結果がどうなるか、よくわかっているからだ。すべてが結局は永遠不変の腕に抱かれていることを知っている。そして、「主の前に静まり、耐え忍んで主を待て、そうすれば主はあなたの心の願いを叶《かな》えてくださる」という言葉が真実だと知っている。

受け入れる用意ができている者には、すべてはただ与えられる。これよりもわかりやすい真実があるだろうか？

平安に満ちあふれた人生の実現

「至高のパワー」とともに動くならば、その度合いに応じて、結果を心配する必要は減る。この事実とそれにかかわるすべてを充分に認識していれば、豊かに満ちあふれる限りない平安が訪れる。

その平安のなかで現在は完璧になるし、これからの日々も必ず平安で力に満ちているとわかる。このように自分の中心を据えた人は、不安や動揺にぶつかっても次のようにいうことができるのだ。

わたしは急いでいた足を止める
こんなに急《せ》いて何になるのか
わたしは永遠の道の途上で立ち止まる

わたしのものと定められた相手は、わたしの顔を知っている

寝ても覚めても、夜も昼も
わたしが探す友人は、わたしを探している
どんな風が吹いても、わたしの帆船は航路から外れない
運命の潮も変わることはない

水は自分を知っていて、はるかな高みから川を引き寄せる
同じ法則によって、善も流れ
純粋な喜びの魂へと達する

夜ごと、星は空に光り
潮は海に向かう
どんなときも、どんな場所でも、どんなに深くても、どんなに高くても
わたしはわたしから離れることはない

完全なパワーのなかへ

「無限のパワーのスピリット」――このスピリットに自分を開く度合いに応じて、そのパワーがわたしたちを通じて現れる。神にはすべてが可能だ――ということは、神とともにあれば何でも可能だということだ。

パワーの秘密は、すべてをつかさどる神とのつながりをもち続けることにある。神とのつながりをもち続ける度合いに応じて、文字どおりあらゆる限界を超えることができるのだ。

それならなぜ、パワーを獲得しようとしてあちこちを走り回るのだろう？　どうして、あれやこれやと努力して時間を浪費するのだろう？　どうして脇道にそれたり、谷間に下りたり、山腹をうろついたりしていないで、直接に山の頂上に行かないのだろう？

人間には絶対的な支配力があると、世界の聖なる書物すべてに書かれているが、これは肉体的な人間のことではなく、スピリチュアルな人間のことだ。

たとえば人間よりも強い動物はたくさんいる。人間は物理的にはそういう動物を支配することはできないが、人間に恵まれているより高い精神的、心理的な力とスピリチュアルな力を使えば、そのような動物よりも上に立つことができる。

肉体的な人間にできないことでも、スピリチュアルな人間には可能だ。そして人間が自分はスピリットであると認識し、その認識どおりに生きるならば、その度合いに応じて、自分を単なる肉体だと思っている人間を超えることができる。

世界のすべての聖なる書物に、奇跡と呼ばれる出来事の事例がたくさん載っているが、とくに奇跡が起こる時代や場所があるのではない。他の時代とは違う特別な奇跡の時代があるわけではない。世界の歴史のなかで起こったことは、同じ法則、同じ力が作用すればいつでも再び起こりうる。

奇跡を起こしたのは人間以上の人々だったわけではなく、神とひとつであることを認識して神の人となった人たちだった。その認識によって、より高い力、パワーがその人々を通じて現れたのだ。

それでは奇跡とは何だろう？　超自然的な出来事か？　超自然的と思えるのは、自然な感覚、あるいはふつうの状態で人が自然だと感じる感覚を超えているからだ。奇跡とはそれ以上でもなく、それ以下でもない。

人が真の自分を知り、すべてにあまねくゆきわたる「智恵とパワー」とひとつであると悟れば、その人の目にはふつうの人が知っているよりも高い法則が見えてく

る。

その法則を利用した結果をふつうの人が見れば、理解に限りがあるために奇跡だと思うし、超自然的と感じることをなしえた人を超自然的な存在だと思う。だが、その人たちもまた超自然的な存在なのであり、自分を開いて同じ法則を知り、同じ可能性、同じパワーがあることを悟れば、同じ超自然的なことができるのだ。

それにまた、昨日の超自然は——物質的な存在からよりスピリチュアルな存在へと人間が進化することによって——今日になればふつうの自然なことになり、今日の超自然は明日になればふつうの自然なことになるというように進んでいくことを忘れてはならない。

超自然的と思えることを成し遂げるのは神の人であり、より高いパワーの存在を知った人はそのことによって大多数の人々を超え、人々に抜きんでた存在になる。

だが一人の人間の魂に可能なことは、他の人にも可能だ。同じ法則がすべての生命を動かしており、わたしたちはパワーのある人間になることも、無力な人間になることもできる。

自分は高く昇れると知ったとき、人は高く昇れるし、自分で自分に課した限界以

外に限界はないのだと悟ったとき、限界は消える。クリームは必ず牛乳の上のほうへ昇る。昇るのが自然な性質だから昇るのだ。

環境や遺伝に支配されてはならない

よく「環境」という言葉を聞く。だが、環境が人間をつくるのではなく、例外なくつねに人間が環境をつくるということを知っているべきだ。

そのことがわかっていれば、多くの場合、ある環境から逃れなくてはならないと思っても、じつはその必要はないことに気づくだろう。そこでなすべき仕事があるというだけでなく、わたしたちがもっている力で古い環境をまったく新しくつくり替えることができるからだ。

同じことは「遺伝」とその影響にもいえる。ときどき「遺伝は克服できるだろうか？」と聞く人がいる。そんなことを聞く人は、まだほんとうの自分を知らない人だ。

遺伝は克服できないと考えて生きている人は、たぶんいつまでも克服できないだろう。だが、ほんとうの自分を知った瞬間、そして自分がもっている途方もないパワーと力を、**つまり心とスピリットのパワーと力を知った瞬間に、もとの遺伝とその影響の害は薄れ始めるし、ほんとうの自分を完璧に悟ればたちまち消えていくだろう。**

克服できないことは何もない
悪い性質を受け継いだなどといってはならない
生まれつきのせいで人生がみじめになったなどといってはならない
必要もないのにそんなことで苦しんではならない

親やそのまた親のそのまた以前に
偉大な永遠の意志が存在する
あなたは、その意志も受け継いでいる

強く、美しく、清らかな意志を
やる気をもつ者に成功を約束している意志を

あなたはどんな気高いところにも昇ることができる
未来にはどんな勝利も約束されている
どんな欠点があるにしても、立ち止まらず、あきらめず
神の営みは確かであることを学びさえすれば

地上には魂に逆らいきれるものはない
自分が永遠なる源の一部であることを知れば
あなたのスピリットの力の前に立ちふさがるものは何もない
魂が受け継いだ聖なるものこそが最高なのだから

自分のもつ可能性よりはるか下の生き方をしている人がたくさんいる。自分の主

体性を他人に明け渡してしまっているからだ。

あなたは世界のパワーになりたいと思うだろうか？　それなら自分自身でいることだ。自分を品定めしてはいけない。他人の言葉に動かされる人たちに品定めさせてはいけないのだ。

ただあなたの魂の最高の部分にだけ従い、慣習や因習や、宇宙の原則に則《のっと》っていない人間がつくったルールに縛られるのはやめなさい。何が宇宙の原則に則っているかは、正しい精神、正しい心をもっている人ならわかるはずだ。

あなたの人生を決めるのはあなたと神だけだ

あなたの能力の最大の担い手である主体性を、自分の主体性を維持するだけの力をもたない大衆に支えられている慣習や因習に明け渡してはいけない。その人たちは、ある偉大な作家が現代社会を指していったように「妥協の集まり」の一部になり果てている。

そんなふうに主体性を明け渡してしまえば、好ましくない条件を強化するのに手を貸すだけだし、それによって自分自身を奴隷にしてしまったら、たぶんそうやってご機嫌をとろうとする相手すら、いずれはあなたへの敬意を失うだろう。

主体性を保っていればあなたは偉大な師（マスター）になれるし、あなたの影響力や能力を思慮深く賢明に使うならば、世界をもっと気高くよいところ、健康なところにするのに一役買えるだろう。

「妥協の集まり」に屈服して自分の弱さを露呈するあなたを、同じ妥協の集団のなかにいる多くの人すら評価しないし、たたえもしないはずだが、主体性をもって行動するあなたなら、誰もがもっと高く評価し、たたえるだろう。そのとき、あなたはあらゆる人々に影響力をもつことができる。

「偉大な英雄にはあらゆる人々が等しく寄ってくる。社会の果ての人々まで、そしてやがてはイヌまでが彼を信じるだろう」

自分自身でいること――大切なのはそれだけであり、それだけが満足できる生き方だ。「ときにはまわりに合わせるのも、上手な生き方なのではありませんか？」という人がいる。上手な生き方？　一にも二にも、つねに自分自身でいること、上手な生き方はそれしかない。

おのれに忠実であれ
そうすれば、昼のあとは夜になるように
すべてが自然に流れるし
けっして他人を裏切ることもない

至高をめざし、原則に従って生きていれば、世論や他人の評価に対する不安に引きずり回されることはないし、至高の存在が支えてくれると確信できる。

どんなやり方にせよ、他人に合わせて生きようとしてもけっして合わせきれるものではないし、合わせようとすればするほど他人はますます理不尽に厳しくなる。

あなたの人生を律するのは神とあなただけであり、人生が揺らいで他の何かに左右されるならば、それは間違った道なのだ。

自分のなかに王国を発見して、「無限」に自分の中心を据えれば、自分が自分にとっての法則になる。自分が自分の法則になれば、他の人たちが支配され、ときには奴隷にまでなっている法則よりももっと高い法があることを教えてあげることができる。

自分の中心を発見できれば、美しいほどの単純さと同時に、真に偉大な人の特徴である魅力や能力を自分のものとすることができる。そうすれば外見を気にする気持ちは――これは真の能力に欠けた弱さの証《あかし》だ――すべて消える。

外見を気にする人は多いが、そういう人は必ず何かが欠けていることを示している。外見を気にする人を見ると、わたしは尻尾《しっぽ》を切ったウマに乗っている人を思い出す。

自分自身に注目されるほどの器量がないこと――他にもさまざまな弱点があること――を気にして、かわいそうにウマの尾を切るなどという不自然なことをして、その突飛さで他人の関心を引こうとする人だ。

だが外見を気にして他人に強い印象を与えようとする人は、他人を騙《だま》すよりも自分を騙すことになる。真の智恵と洞察力をもった人は、必ず出会う人の行動の理由や動機を見抜く。「彼はありのままの自分でいて、他人のまねをしないから偉大だ」――。

自分のなかの真の能力にほんとうに目覚めた人は、たいしたことをしていないように見えて、じつは大きなことをしている。たいしたことをしているように見えないのは、自分より高い何かが働いているからで、そのために大きなことができる。

こういう人たちはふつうより高い次元で行動しているのだ。「無限のパワー」と完璧に連携しているので、そのパワーが働いてくれて、責任を担ってくれるのである。

こういう人たちは無造作だ。無造作なのは、この人たちを通して働いているのが「無限のパワー」で、この人たちはただそのパワーに協力しているだけだからだ。

◎

最高のパワーの秘密は、自分のなかから働くパワーを外の表現手段と結びつけることにある。

あなたは画家だろうか？　それなら自分のなかのパワーに自分を開けば、その度合いに応じて、平凡ではない、いい絵が描ける。自分の魂から生まれたインスピレーション以上のものを永続的なかたちに表現できるはずはない。

より高いインスピレーションを得たければ、魂を開かなければならない。すべてのインスピレーションの最高の源に向かって、自分の魂を完全に開かなければならない。

あなたは講演者だろうか？　それならあなたより高いパワーがあなたを通じて語るのに調和して語る度合いに応じて、ほんとうに人々を感動させ、動かすことができるだろう。

口先だけで語れば、ただの扇動者になる。あなたが自分を開き、神の声があなたの肉体を通じて語るようにするなら、あなたは真に偉大な講演者になれる。あなたが自分を開く度合いに応じて、真に偉大になれるのだ。

あなたは歌手だろうか？　それなら自分を開いて、あなたのなかの神が歌のスピリットをほとばしらせるようにすることだ。

そのスピリットなしにどんなに長く練習を重ねるよりも、そのほうが何千倍も楽に歌えるし、他のことについても同じで、歌のパワーがあなたに乗り移るならば、あなたの歌の魅力は必ず聴く人すべての心をとらえて放さないだろう。

夏、林や森の丸太小屋やテントで過ごすとき、わたしはよく夜明けに目覚める。初めはすべてが静かだ。それから、あちこちで途切れ途切れに小鳥のさえずりが聞こえ始める。

暁の光が差し始めるころ、さえずりは大きくなり頻繁に聞こえるようになって、やがて森全体が大合唱を始めたかと思うほどになる。

それはすばらしい音楽だ！　まるですべての木々が、すべての木の葉が、草むらが、それに頭上の空や大地までがこの荘厳な交響楽に加わっているように思える。その交響楽に耳を傾けながら、わたしはこれ以上に歌の勉強になることがあるだろうかと思う。

小鳥に歌を習うことができたら、そして小鳥を歌わせているのと同じパワーに自分を開いて、そのパワーが自分のなかを流れるようにしたら、どんなにすばらしい歌手が生まれ、どれほど人の心を打つだろう！　いや、必ず人の心を打つ歌手が生まれるだろう！

偉大な聖歌歌手のミスター・サンキーが初めて「九十九匹のヒツジ」を歌ったときのエピソードをご存じだろうか？　あるジャーナリストが語っている。「先に開かれたすばらしい会合で、ミスター・アイラ・D・サンキーは、彼の作曲による聖歌のなかでも最も有名な『九十九匹のヒツジ』を歌う前に、この曲が生まれたいきさつを語った。

ミスター・ムーディとグラスゴーからエディンバラへ移動する途中、彼は新聞売り場に立ち寄って、一ペニーの宗教紙を買った。列車のなかでその新聞を読んでいるとき、ページのすみにある詩に目がとまった。彼はミスター・ムーディに『これに曲をつけると、きっといい聖歌になるでしょう』といった。

だがミスター・ムーディは他のことに気をとられていて、ミスター・サンキーの言葉を聞いていなかった。ミスター・サンキーも曲をつける時間がないまま、その詩をスクラップブックに貼っておいた。

ある日、エディンバラでとりわけ印象的な集会が開かれ、ボナー博士が『よき羊飼い』についてすばらしい説教をした。説教が終わり、ミスター・ムーディがパートナーのミスター・サンキーに、さあ歌って、と合図をした。

ミスター・サンキーの頭に浮かんだのは賛美歌二十三番だったが、この歌はしじゅう歌っていた。そこで例の新聞にあった詩を歌おうと思ったのだが、そこで、はたと考えた。まだ曲ができていないのに歌えるだろうか……。それから、とにかく歌ってみようと思った。

彼は詩を前に置いて、オルガンに指を載せて口を開いた。そして、どんな歌になるのかわからずに歌い始めたのだ。

一番を歌い終わったとき、聴衆には深い沈黙が広がっていた。彼は長い息継ぎをして、二番も同じように歌えるだろうかと思った。歌ってみたら、うまくいった。あとは簡単だった。

終わったとき、聴衆は感動し、すすり泣いていた。ミスター・サンキーは、人生で最も感動的な瞬間だったという。ミスター・ムーディはこれほどすばらしい歌は聴いたことがないといった。この歌はどの集会でも歌われるようになり、やがて全世界に広まった」

わたしたちが高いインスピレーションに自分を開けば、けっして裏切られない。

インスピレーションに自分を開かなければ、何をするにしても最高の結果は出せないのだ。

作家のスピリットが作品のパワーとなる

あなたは作家だろうか？　それなら自分自身の心を見つめて書けという、すべての成功した文学作品の根底にある偉大な原則を覚えておくことだ。**真実であれ。恐れるな。自分自身の魂の誘いに忠実であれ。**作家は自分以外のものを書くことはけっしてできない、それを忘れないことだ。

自分以上のものが書けたと思うなら、それは自分が大きくなったのだ。作家は自分自身の筆記者にすぎない。自分を作品にするのだ。自分以上のものを作品に込めることはできない。

偉大な個性をもち、しっかりと目的を定め、深く感じ、つねにより高いインスピレーションに自分を開いていれば、否定しえない何かがページに吹き込まれ、生き生きと力強く呼吸する。

その偉大なパワーによって、読者は作者を通じて語られているのと同じインスピレーションを感じるのだ。行間には文字で記されたことよりもずっとたくさんのことが書かれている。そのパワーを生むのは作家のスピリットだ。

それが作品を二〇パーセントか三〇パーセント大きくし、数々の凡作から抜きんでた傑作にする。その二〇パーセントか三〇パーセントによって、百分の一の真の成功作になる。あとの九十九作は初刷りで消えてしまうだろう。

偉大な個性をもつ作家が作品に込めるスピリチュアルなパワーと同じパワーが働いて、本は読者から読者へと伝わり（どんな本でも読者一人ひとりの推奨によって広まっていくものだから）大勢の人に読まれるようになる。

誰かがすばらしい本だと考えて他の人にも読ませたいとたくさん購入するのも同じことだ。

エマーソンは「よい詩は、まともな人が読んで喜びを感じ、まともな隣人にすすめるというかたちで世界に出ていく。こうして賢明で寛大な魂を引きつけ、その人々が密《ひそ》かに抱いている考えを肯定し、その人々の共感を得て、ほんとうに広まっていくのだ」といった。

こういう作家は文学作品を書こうと思って書くのではなく、ただ人々の心に触れたい、人々にほんとうに価値あるものを贈りたい、人々の人生を広げ、優しく、豊かに、美しくするものを書きたいと思って書く。人々がさらに高い人生を見いだし、高いパワーと高い喜びを見つけられるようにと思って書く。

だが、こうして書かれた作品がうまく人々の心に届けば、たいていはおのずから文学作品として成功しているものだし、それも文学作品を書こうと思って書いたものよりずっとよい作品になっていることが多い。

一方、踏みならされた道から外れるのを恐れ、恣意的なルールに縛られる人は、縛られた分だけ自分自身の創造力を限定している。ある偉大な現代作家の一人はいった。

「わたしの本は松の香りがして、虫の鳴き声が響いているはずだ。窓の外を飛び交うツバメが巣づくりのために運んでいる糸くずや藁《わら》がわたしの作品にも織り込まれている」

優しい賢者よ、松の香りがして虫の鳴き声が響くほうが、もっとつまらない作家があなたのように恐れを知らない偉大な作家の作品を研究して、レトリックのマニュアルをつくり、それで書いたルールが鳴り響く作品より、どれほどすばらしいことか。

「過去のとおりに行動することを学ぶ人間は何の役にも立たない。そんな人間は今日が新しい日であることがぜんぜんわかっていない」

シェークスピアは他の作家に借りがあるだろうという批判に、ランドアは答えた。「だが、彼はもとの作家よりはるかにオリジナリティがある。彼は死体に息を吹き込んで甦《よみがえ》らせたのだ」これが世界に動かされるのではなく、世界を動かす人間だ。

わたしは学者や批評家がつくったルールの奴隷になるより、「無限の神」の言葉を書き写すほうがいいと思うし、それこそわたしに与えられた特別の仕事だと思う。

ああ、世界中の人々よ！ ふつうの人生の毎日の闘いを軽くしてくれる何かを、こちらで少しばかりの楽しさを、あちらで少しばかりの希望を人々に与えさせてほしい。

そして、考えなしに獣のように暮らす男たちを思慮深く親切に優しくする何かを、臆病に縮こまった女性の眠っているパワーを揺り動かす何かを与えさせてほしい。

眠っているパワーが目覚めたとき、何ものもその影響に抵抗できず、本人さえ驚かせるだろう。一人ひとりに、どの人の魂も清らかだということを、自分自身の魂も清らかで豊かで栄光に満ちて、パワーがあることをわからせる何かを与えさせてほしい。

それにさえ成功できれば、批評家がほめようがけなそうがどうでもいい。偉大な松林を通り抜ける春風の比類ない音楽に比べれば、非難の言葉など枯れた小枝が踏まれてたてる音にすぎないだろう。

宗教の根底にある「聖なる息吹」を見いだせ

あなたは牧師やその他の宗教的指導者だろうか？　それなら、あなたが人間のつくった神学的教義からどれだけ自由でいられるか（大勢の人が後生大事と神学的教義にしがみつき、狭い世界に生きている）、その度合いに応じて、**そして「聖なる息吹」にどれだけ自分を開くかという度合いに応じて、権威をもって語る者になれ**

るだろう。

それができれば、あなたは預言者の研究をするのではなく、自分自身が預言者になる道を行くだろう。その道は誰にでも開かれているし、あなたにも開かれている。

英語圏で暮らす家族のもとで生まれたとしたら、あなたはたぶんキリスト教徒だろう。キリスト教徒だということは、イエス・キリストの教えに従い、同じ法則に則って生きるということだ。

イエスはその法則に則って生きた。つまり自分自身の生命を生きた。イエスの教えのなかで最も偉大な事実は、この神と人との意識的な結びつきだ。

「父」と自分はひとつであることを完璧に悟っていたことが、イエスをキリストにした。それによってイエスはイエスの力を獲得し、かつて誰も語ったことがないことを語った。

イエスは他のすべての人間にできないことが自分にはできるとは一度もいわなかった。イエスの力強い業績はけっして例外ではなく、彼のような状態にとっては自然で必然だったのだ。

イエスはそれが不変の秩序に従っていると宣言した。そして、それらはけっして彼だけの特別の仕事ではなく、当人さえその気になれば誰でも得られる力の結果だといった。

イエス自身の告白によれば、真実を示して教える教師としてイエスがしたことのなかには、自分一人の聖性を証明するためのものは何ひとつなかった……。

イエスの生涯と勝利は人類史に一時代を画した。イエスの誕生と勝利によって人類は新しい時代を迎えた。イエスは新しい、さらに完璧な理想を地上にもたらした。イエスに最も近しい三人は、新しい生命が何を意味するかを見てとると、驚嘆と賛美にものもいえず地に伏した。

「父」とひとつであることを完全に悟ることによって、生涯に出合うどのような状況も絶対的に克服し、肉体の死すら克服することで、そしてイエスと同じくわたしたちにとっても真実である偉大な法則をわたしたちに指し示すことで、イエスはわたしたちに生命の理想を与えた。

それはいまここでわたしたちが達成できる理想であり、イエスなしには得られなかった理想だ。

まず一人がそれを征服し、その後すべての人たちが征服するだろう。「父」とひとつであるという偉大な法則をまず自分自身が悟り、次に他の人々に指し示すことで、イエスは世界で最も偉大な救世主となったのだ。

イエス個人とイエスの生涯および教えを取り違えてはならない。その過ちは、偉大な師のほとんどすべてについて弟子たちが繰り返し犯してきた過ちだ。

あなたがもし死んだキリストを教えている人々の一人なら、後生だからどうか人々の時間をこれ以上盗まないでほしい。人々にパンの代わりに石ころを与えることで、生きた真実のスピリットではなく死んだかたちを与えることで、あなた自身の時間を無駄にしないでほしい。

イエス自身が「死者をして死者を葬らせよ」といっている。死者の群れから抜け出してほしい。イエスがしたように、生きたキリストを教えることだ。イエスがしたように、内なるキリストを教えることだ。

イエスがしたように、この上ない美しさと力強さのなかで内なるキリストを見いだすなら、あなたもまた権威をもって語る者の一人になる。そのとき、あなたは大勢の人を同じ発見に導くことができる。それこそが、比類なく高価な真珠である。魂がまだイエスの教えの生きたスピリットに触れたことがなく、その結果、人々にそのスピリットを与えるのではなく古い形式や教義や想像の産物を与える説教者たち。教会を空にするのはそういう人たちだ。この人たちは、まるで人々に死の用意をさせるために最大の努力をしているように見える。

ドイツでは、二番目のことを一番目にするなという。わたしたちに必要なのは、まずどう生きるかを教えてくれる人だ。死の前に必ず生がある。そしてどう生きるかがわかれば、そしてそのとおりに生きれば、それだけで、わたしたちが死と呼ぶものは見事な美しいかたちで訪れる。死を迎える方法は他にはない。

新しい宗教の時代が始まろうとしている

人々が形骸に飽き、わたしたちの教会が空になっているので、目先しか見えない大勢の人たちはよく、宗教は死にかけているという。

宗教が死にかけている？　ほんとうに生まれてもいないものが、死にかけることがあるだろうか？

人々についていえば、宗教は生まれたばかりというか、毎日の生きた宗教に人々がやっと目覚めかけているところだ。わたしたちはただの言葉を超えて、真の生きたスピリットに触れ始めたばかりだ。

宗教が死にかけている？　そんなことは論外だ。人間の魂が神の一部であるように、宗教は人間の魂の一部だ。神と人間の魂が存在する限り、宗教はけっして死なない。

これまで宗教とされてきた教義や形式、儀式、ただの言葉の多くは、正直にいえば急速に死にかけているし、それもいまほどスピードが速まったことはないだろう。その死には二つの道がある。ひとつは大勢の人々がそうしたものに飽き、それどころかうんざりして、その結果、そんなものよりは何もないほうがいいと考えているために起こる死だ。この人たちは冬が訪れたとき木が葉を落とすように、それらをただ捨てている。

だがもうひとつの道がある。聖なる息吹に突き動かされた大勢の人たち、比類ない美しさと救いのパワーをもつキリストを自分のなかに発見した人たちがいる。新しい生命が古いものを押しのける。春が来て、木に新たに芽生えた生命が冬のあいだしがみついていた古い枯れ葉を押しのけるように、新たな生命の場所をつくる。人々の手から古い枯れ葉のような宗教が押しのけられるこのありさまこそ、最も興味深く最も感動的な光景である。

人々にパンの代わりに石ころを与えようとして、生命の糧の穀物ではなく籾殻《もみがら》や藁を与えようとして、教会を空にしてきた人々の場所を、自分を開いてより高いインスピレーションを受け入れて生きている人々に明け渡させ、そのうえで、宗教は死にかけているという人たちに、ほんとうにそうだろうかと尋ねてみよう。

「火をつけるのは燃える石炭であって、消えた石炭ではない」――教会を空にした人たちの場所を、「聖なる息吹」のインスピレーションをつかんだ人たちに明け渡させよう。

その人たちは力強い有意義なメッセージを携えているし、だからこそ魂を揺さぶる美しさと力でメッセージを伝えることができる。そのとき、いまはぱらぱらとしか人のいない教会に人々があふれ、入りたくても入れない人まで出てくるだろう。

「貝殻を捨てれば、真珠が現れる」――**わたしたちにはまだ新しい啓示など必要はない。ただ、すでにある啓示の生きたスピリットを発見する必要があるだけだ。**そうすれば、やがてわたしたちの用意が整ったとき、新しい啓示が現れるだろう。だが、それより前には現れはしない。

「全世界の人間の魂が必要としているのは、古い既存の宗教について熱弁を振るわれることではなく、これまで感じたことがないような温かくて力強い神の息吹がしみ渡り、人々を魅了するのを感じることだ」とジョン・パルスフォードはいう。

地上に六月の朝がふさわしいように、この「聖なる息吹」が魂の求めるものとぴったり一致するのだと証言しないとしたら、わたしは自分の体験を裏切ることになるだろう。

朝の息吹に木々が喜び、自由に育っていくように、神の息吹のもとで一人ひとりの心は真の才能を開花させる。

「神の息吹」ほど、魂の中心にある車輪を揺り動かすものはない。人は甦り、感覚は新たになり、感情も新たになり、理性も愛情も想像もすべてが新たに生まれ変わる。

その変化は当人にもわからないほど大きく、「神の息吹」によって開かれ、呼び出された自分のパワーに驚嘆する。自分が無上の存在であることを発見し、未来には想像できないほどの驚きが待っていると確信する。

ここに神の存在の証が、人類の永遠の希望があると、わたしは読者に伝えたい。**「神の息吹」によって春の魂を甦らせよう。天国の夏に向けて深く埋もれた種のなかの生命を育てよう。**

そのときあなたは、外に宇宙があるように自分のなかに神が存在する、という確証を得るだろう。あなたの内なる神の体験、神における限りない希望が、世界や自然についてのどんな外部的、表面的な体験よりもますます近しくなり、ますます明確になるだろう。

◎

宇宙のパワーの根源はひとつしかない。あなたが何であろうと、画家であろうと、講演者であろうと、音楽家であろうと、宗教的指導者であろうと、パワーの秘密をつかむということは、「無限のパワー」とともに仕事をするということであり、そのためにはつねにそのパワーが働き、あなたを通して現れなければならない。

それができなければ、何もできはしない。それができなければ、何の仕事であろうと三流か四流で、たまには二流になるかもしれないが、けっして一流にはならない。そして、けっして偉大な師にはなれない。

どんな仕事であっても、自分で自分をどう考えるかがあなたの仕事の効果を決定する。

肉体的、知的な存在にとどまり、自分に限界を課していれば、あなたはそれだけの人間で終わる。だが、自分が「無限の生命とパワー」とひとつであることを悟り、そのパワーがあなたを通じて働くように自分を開けば、あなたの人生はまったく新たな展開を始め、あなたのパワーはますます強くなるだろう。

そのとき、あなたは十人力になる。あなたの心が清いからである。

おお、神よ！　わたしは生まれたときの栄光によって
いつまでもあなたとひとつである
天の力こそが地球の果ての境界

わたしは不死に生まれ
わたしの存在はバラのように花開き
香木の煙のように
わたしを包んで流れる

輝かしい歓喜の歌を
わたしは心の奥深くのスピリットで聴く
その歌は天国の合唱のように
清らかに澄んで響き渡る

わたしはパワーが高まるのを感じる
幼子の神のパワーのように
輝かしい壁がわたしを包み
わたしを土の上から引き上げてくれる

すべてが豊富に——豊かさの法則

「無限の豊かさのスピリット」――すべてのものを物質のかたちにし、また、そうし続けてくれるパワーである。

この「無限のパワー」と自分がひとつであると悟って生きている人は、磁石のように、欲しいものをすべて引きつけるようになる。

貧しいと思っている人は、たぶん将来も貧しいだろうし、貧しいままでいるだろう。いまがどうであれ、豊かだという思いを抱き続けていれば、遅かれ早かれ豊かな状況を実現するスピリットの力が働く。引力の法則は宇宙を通じてつねに働いているのだ。

この法則が生み出す偉大な、そして不変の事実は、似たものどうしが引きつけ合うということである。

わたしたちがすべてのものの根源である「無限のパワー」とひとつであれば、その認識の深さの度合いに応じて、わたしたちにとって望ましいものを豊かにもたらしてくれるパワーが働くだろう。

こうしてわたしたちは、つねに望ましい条件を実現するパワーを手に入れることになる。

すべての真実が「たったいま」存在し、ただわたしたちが気づくのを待っているだけであるように、**いま必要なものはすべて、たったいま存在していて、それを手にするわたしたちのパワーが働くのを待っている。**

すべては神の手のなかにある。神はつねに、こういっている。わが子よ、あらゆる方法でわたしを認めて受け入れなさい、そうすればその度合いに応じて、その認識を生きる度合いに応じて、わたしのものはあなたのものとなる、と。神が養ってくれるのである。

「神はすべての人にふんだんに、咎《とが》めることなく与える」——神は正しく神を受け入れる者のすべてに、ふんだんに与えるのだ。誰の身にも悪いことが起こるようにはしない。

よい人は貧しいなどという、どういうわけか昔からある考えには何の根拠もありはしない。そんな考えは早く捨ててしまったほうがいい。

こういう考え方は、禁欲主義と同じようにして始まったのだ。肉体とスピリットとは相いれないという考えが蔓延《まんえん》したころのことで、こういうことを考え出した人たちは生命について歪《ゆが》んだ一方的な見方をしていた。

真の善はある意味で真の智恵と同じだ。**真に賢明な人、与えられた力とパワーを活用する人には、偉大な宇宙がその宝庫を開いてくれる。**

与えられるものは、つねに求めるものに等しく、正しく賢明に求めれば、つねにそれに等しいものが与えられる。この高い法則を悟れば、欠乏への恐怖に振り回されることはなくなる。

あなたが失業したとしよう。二度と仕事が見つからないのではないかと不安に襲われ、その不安に支配されれば、たぶん次の仕事が見つかるまでに長い時間がかかるだろうし、見つかったとしてもよい仕事ではないだろう。

どんな状況であっても、自分のなかにある力とパワーを働かせるならば、一時はつまずいた、失敗したと思っても、それを克服して勝利できることを忘れてはいけない。

その力を働かせるということは、なくした仕事よりもずっといい仕事を引きつける磁石をもつようなものだから、そのうちには失業してかえってよかったとさえ思うかもしれない。

宇宙に向けて広告を出すことができる

あなたのなかで、あなたを通じて、宇宙のすべてを創造し動かしているのと同じ「無限のパワー」が働いていることを忘れないようにしなさい。その「無限のパワー」が世界の果てしないシステムを律している。

あなたの考えを――思考は力であり、正しく賢明に方向づけられれば想像もできない不思議な能力を発揮するのだ――**ぴったりの職種、ぴったりの仕事がいちばんいいときに、いちばんいい方法で見つかり、そのときは自分もすぐに気づくにちがいないという方向へ向けて発信しなさい。**

その考えを強く抱き続け、けっして迷わず、たしかな期待という水をやり続けなさい。

これは心理的なスピリチュアルな新聞、発行部数が無限の新聞に広告を出し続けるのと同じだ。このスピリチュアルな新聞は地球の果てどころか宇宙の果てまでも届く。

この広告を正しい方法で出すならば、「偉大な広告媒体」を名乗るどんな新聞に広告を出すよりもはるかに効果的である。そのことを悟って、より高い法則と力に調和して生きれば、その度合いに応じて効果が上がっていくのだ。

新聞の「求人」欄を見るときには、ぼんやりと見てはいけない。より高い力が働くように仕向けて、より高い見方をしよう。

新聞を取り上げるとき、心にいい聞かせる。ここに自分が応募したほうがいい求人があったら、見たとたんにわたしは気づく――しっかりとそう信じて、期待する。

完璧に信じていれば、自分にぴったりの求人を見たときにはこれだと直感する。その直感はあなたの魂の言葉以外の何ものでもない。**魂が語りかけたら、すぐに行動しなさい。**

就職したものの、自分が思っていたような仕事ではなくて、自分にはもっといい仕事があるはずだと感じたら、その仕事をするときに、これはもっといい仕事につながる踏み台だと思うように仕向けなさい。

その思いをしっかりと抱いて、信じ、期待し、そのうえでつねに「絶対に誠実に」いまの仕事をやり遂げなさい。

いまの仕事を誠実にやり遂げなければ、もっといい仕事への踏み台になるどころか、もっと悪い仕事につながるかもしれない。誠実に仕事をしていれば、やがては前の仕事を失ってよかったのだと感謝する日が来る。

これが、豊かさの法則である。**逆境にいても落胆せず、最善を尽くして、つねにもっとよいこと、もっと豊かな将来を期待しなさい。**

そういう心でいれば、静かで抵抗しがたい密《ひそ》かな力が働いて、いまは考えにすぎない状況がいずれは実現する。

思考には不思議なパワーがあるのだから、正しく抱いて正しく育てれば、考えは物質的な状況を実現する種になるのである。

けっして不平不満を抱かないこと。そんな時間があったら、自分が望ましいと思う状況を期待し、実現するために使いなさい。豊かな状況を自分で思い浮かべなさい。豊かな自分を思い浮かべなさい。まもなく豊かになると考えなさい。静かに穏やかに、だが強く、豊かになると信じなさい。

絶対的に信じること。期待すること。期待という水をやって信念を育てること。

そうすれば、あなたは望ましいものを引きつける磁石になる。思い浮かべ、信じることを恐れてはいけない。それによって、考えが物質というかたちをとり始めるからだ。

それによって、宇宙でも最も微妙で強力な動因が作用し始める。

自分にとって正しくてよいと思われる何かがとくに欲しいのなら、それによって自分の人生も広がり、人の役に立つこともできると思うのなら、正しいときに、正しい方法で、正しいかたちで手に入る、あるいは手に入れる道が開けると考えよう。

どんな現実もあなたの心が引き寄せている

知り合いの若い女性だが、少し前にどうしてもお金が必要なことがあった。よい目的のためのお金だったが、どうすれば手に入るかわからなかった。だが彼女は内的な力のパワーを理解している人だったから、いまお話ししたような心の姿勢でいた。

朝、彼女はしばらく沈黙のなかで過ごした。こうすると、より高いパワーとの調和がさらに完璧になる。はたしてその日のうちに、ある紳士から電話があった。その紳士は知り合いの一族の人で、その一族のために仕事をしてもらえないか、という。

どうしてそのような仕事を頼まれるのかとちょっと驚いたが、彼女は自分にいった。「電話がかかったのだから、応じて、その先がどうなるかを見てみよう」――。

彼女は仕事を引き受け、それを立派に果たした。その仕事が終わったとき、思っていた以上のお金が手に入った。これでは多すぎると感じたのでそういうと、相手は「いやいや、あなたがしてくださった仕事に対するお礼としては少なすぎるくらいですよ」と答えた。

こうして彼女がしたいと思っていた仕事に必要な額以上のお金が得られたのだ。

これはより高いパワーを賢く効果的に活用したほんのひとつの事例にすぎないが、大切なことを教えてくれる。手をこまねいて欲しいものが落ちてくるのを待っていてはいけない、ということだ。

より高い力が働くように仕向け、そのあと、最初に提供されたものをつかみなさ

い。**見つかった仕事に最善を尽くしなさい。**その仕事に充分満足できなかったら、それはもっとよい仕事につながる踏み台だと信じ、そうなると期待しなさい。

世界の最善のものを引き寄せる基盤は、まず心のなかにそれを思い浮かべ、所有し、生きること。つまり想像と呼ばれていることだ。しかし、この呼び名は見当違いだ。いわゆる想像とは現実であり、見えない力の要素なのだ。

心のなかで宮殿に住んでいれば、だんだんと宮殿のような状況が引き寄せられてくる。だが宮殿を想像することは、現在について嘆いたり、ないものに憧《あこが》れたり、欲しい欲しいと不満をいうことではない。

たとえ「落ちぶれ」ても、いつかは逆境から抜け出せると静かに、だが変わらずに信じ続けることだ。

いまは錫《すず》の皿で食べるしかなくても、その錫の皿は銀の皿につながるたしかな踏み台だと思うことだ。銀の皿をもっている他人をうらやんだり、愚痴ったりすることではない。**不平不満をいうのは、心の力という銀行から預金を引き出してしまうのと同じである。**

自分のなかにあるパワーを知って、それを指針に暮らしている友人は、こんなふうにいっている。
「クマ（ベア）の両腕にがっちりとつかまれてしまったら、正面から相手を見て笑うんだ。だが、そのあいだも、オウシ（ブル）から目を離してはいけない。クマのほうに完全に気をとられてしまったら、オウシが見えなくなってしまうだろう。いい換えれば、逆境に屈服してしまえば、逆境から抜け出せない。だが、自分のなかにその逆境をはねのけるパワーがあることを知っていれば、逆境のほうが負けて、繁栄に変わる。

繁栄が静かにそっと近づいてきたら、それに気づかなくてはいけない。そして後悔したり不安にすくんだりする時間があるなら、自分のなかにあるパワーを働かせる。そうすれば逆境はまもなく消えるよ」（訳者注・株式でベアは弱気筋、ブルは強気筋を表す）。

◎

絶対的に信じきること、それが唯一のほんとうの成功法則だ。成功か失敗かを決める力は自分自身にあり、外側の条件が決めるのではないという事実を認識すれば、外部の環境を成功の条件に変える力をもつことができる。

このより高い認識をもち、より高い法則に完璧に則《のっと》って生きれば、自分のなかで目覚めた力の焦点を定めて方向づけることができるから、その力はわたしたちから出ていって目的のものを持ち帰ってくれる。

そのとき、わたしたちは成功を引き寄せることができるが、その成功はいつもすぐ目の前に見えるとは限らない。だから自分のなかの中心をしっかりと据えて、あれやこれやと求めて右往左往せず、自分の場所にとどまって、望ましい条件を引き寄せればいい。

こうして中心をしっかりと据えていれば、ものごとは向こうから次々にやってくるように見えるものだ。

いまの人々の大半は、現実的で日常生活に使えるものを求めている。だが偉大な真実の背後にある法則を慎重に検討すれば、その法則のほうがはるかに現実的なだけでなく、深い真の意味からすれば現実的なのはその法則だけだ、ということがわかってくる。

自分はとても「現実的」だと自慢する人たちがいるが、じつはそんなことを考えてもいない人のほうがずっと現実的なことが多い。

一方、自分は現実的だと自慢している人は、たいていはまったく現実的でない。あるいは、ある方面では現実的かもしれないが、人生全体を考えればまったく現実的ではないものだ。

たとえば自分の魂のことすら知らないとしたら、物質的には全世界を所有できたとしても、それが何になるだろう？

真の人生を見誤っている人々がたくさんいる。真の人生のＡＢＣすらわかっていない人たちだ。そういう人は一時的な物質的環境のみじめな奴隷にすぎない。富を所有していると考えている人は、逆に富に所有されている。

そんな人たちの人生は、まわりの人や世界全体にとって役立っているかどうかということでいえば荒れ地のようなものだ。そういう人たちは身体をもてなくなったとき――身体は物質的世界とかかわる手段だ――哀れなほど貧しくなる。ため込んだもののほんの一部でさえもってはいけないのだから、まったく裸で極貧のうちに別のかたちの生命（人生）に入っていかなくてはならないのだ。

物質的な富はほんとうの財産ではない

親切な行動、すぐれた人格、魂のパワーの実現、内なる生命の豊かさや発展、こういうものが永続するほんとうの財産なのに、そういう人たちの人生には欠けているから、人生の本物ということについてはどうしようもなく貧しい。

いや、たいていは貧しいどころではない。いったんでき上がった習慣は、別のかたちの生命（人生）が始まってもなかなか捨てられないと思わなくてはならない。だからこの世で一種の偏執狂になってしまえば、身体を脱ぎ捨てたからといってまったく状況が変わるとは考えにくい。すべては法則に則っており、原因が結果を生む。蒔《ま》いた種を自分で刈り取らなければならないのは、この世だけでなくすべての生命（人生）に通じることなのだ。

この世で物質的な所有に取りつかれて奴隷になっている人は、身体がなくなったあとでも同じように奴隷でいるだろう。しかも、そのときにはもう物質的欲望を満たす手段がない。

そのような習慣がついてしまっていれば、少なくともしばらくのあいだは、他のものに愛着を抱くことができないだろうし、物質的欲望を満たす手段はないのだから、どうしたって苦しむしかない。

それに、自分がため込んだものが浪費家に散財されるのを見て、ますますつらい思いをするかもしれない。財産を誰に遺《のこ》すかは遺言で決められても、それがどう使われるかを指図することはできないのだ。

それなら、ものを自分が所有できると考えるのはずいぶん愚かなことではないか。たとえば広大な神の土地を塀で囲って自分の土地だ、というのは馬鹿馬鹿しいことではないか。**もち続けられないものは、自分のものではない。**

ものがわたしたちの手に入るのは所有されるためではないし、まして死蔵されるためではない。使われるため、賢く活用されるためだ。わたしたちはただの管理人で、管理人なら委ねられたものを活用する責任がある。

すべての人生を通じて、応報という偉大な法則が貫いているし、この法則はたとえわたしたちがつねに理解しているとは限らなくても、あるいは自分のことだとわかっていないとしても、必ず正確に働いているのだ。

より高い生命について悟った人は、莫大《ばくだい》な富が欲しいとは思わないし、何によらず過剰な欲求をもたない。自分のなかが豊かなのだという事実を悟った人にとっては、外の世界の富はたいして重要ではなくなる。

自分のなかには必要なものを充分に手に入れるパワーがあり、いつでもそのパワーを働かすことができると気づいた人は、もう負担になる莫大な物質的富を抱え込もうとはしない。物質的な富には手間も暇もかかり、その分だけほんとうに生きる時間が減るからだ。

いい換えれば、最初に王国を発見する。そうすればあとのものはすべてついてくることに気づくのだ。

豊かな人が天国へ行くのはラクダが針の穴を通るくらい難しい、と偉大な師（マスター）――何ももたず、だからすべてをもっていた人――はいった。

いい換えれば、自分の時間をすべてものを集めるのに使い、自分では使い切れないほど外の世界のものをため込む人に、それさえ発見すればあとのものはすべてついてくるすばらしい王国を見つける時間が残っているだろうか。

何百万もの富をもち、その世話に明け暮れるのと――富には必ず手間がかかるのだから――すべて必要なものはそのときどきに充足されるという法則と力を知り、よいものが出し惜しみされることはないし、求めるだけのものを得るパワーがわたしたちには備わっていると知っているのと、どちらがいいだろう。

より高い知識の領域に達した人は、いまの大勢の人たちが陥っている狂気にはけっして陥らない。身体的な病気を避けるのと同じように、そのような狂気を避けて通る。

より高いパワーに目覚めたとき、人はほんとうに生きる助けになるどころか妨げになる大量のものを手に入れようとする代わりに、ほんとうの人生に目を向けるようになる。この問題の真の解決法は、人生のどの面でもそうであるように中庸ということだ。

一定以上の富は使い切れないし、使えないなら助けになるより邪魔になるし、祝福より呪いになる。いま狭く縮こまった人生を送っている大勢の人たちは、人生の大部分をかけて集めたものをもっと賢く使い始めれば、ずっと豊かで美しくていっも喜びに満ちた人生を送れるはずだ。

ため込まずに手放せば豊かになれる

一生かけてものを集めたあげくに、「慈善のために」財産を遺していったとしても、それは理想的な人生には程遠い。それは貧しい人生の言い訳でしかないのだ。二度と使わない履き古した靴を、靴がなくて困っている人に与えるのは、けっしてほめられたことではない。

ほめられるとしたら（なすべきことをしてほめられるというのもおかしいが）、正直に暮らして家族を養おうと懸命に努力しているのに冬の寒さのなかで靴もない人に、丈夫なよい靴を与えることだろう。

そして靴と同時に、わたしが自分自身を与えるとしたら、相手へのプレゼントは二倍に、わたしが受ける祝福も二倍になる。

莫大な富をもっている人にとっては、自分が生きているあいだに日々その富を生かして使う以上に賢明な使い道はない。そうすればその人の人生はますます豊かになるだろう。いつかは、莫大な富を遺して死ぬのは恥ずかしいことだと考えられる日が来るのではないか。

宮殿のようなところに住んでいても、じつは屋根もない人より貧しい人生を送っている人はたくさんいる。そういう人は自分の宮殿に暮らしているかもしれないが、その宮殿はその人にとってはやっぱりあばら家なのである。

ものを虫が食い、錆《さ》びていくというのは、ものを分解してばらばらにするための賢明な自然の定め——神の方法——なのだ。こうして死蔵され、何の役にも立たないものが新しいかたちで使われる準備ができる。

それにものを死蔵すると、真の喜びを味わうパワーも、もっと他の高い能力も薄れて消えてしまう。これは不変の法則だ。

大勢の人たちが、古いものにしがみついているために、もっと高いもっとよいものに近づけないでいる。古いものを使って処分していけば、新しいものが入ってくる場所ができる。死蔵はつねに何らかの意味で損失なのだ。賢く使うことで、つねに新しくなるのだから。

木が愚かで、役目を終えた今年の葉を意地汚く手放さずにいたら、春になったとき新しい美しい生命はどこで芽生えるのか？　結局、徐々に衰えて最後には死んでいくしかない。

木がすでに死んでいるのなら、もう新しい葉は芽生えないから、古い葉にしがみついているのもいいだろう。だが木のなかの生命が息づいている限り、古い葉を振り落として、新しい葉が生える場所をつくらなければならない。

豊かさは宇宙の法則であり、妨げさえしなければ、必要なものはふんだんに与えられる。豊かな生命とパワーにあふれて生きる、それが自然で正常な生き方だ。わたしたちが「無限の生命とパワー」とひとつであることを悟って、自分には必要なものはいつも充分に手に入ることを知っていれば、そんな生き方ができる。

そうすれば死蔵することによってではなく、手に入ったものを賢く使って手放すことで、次々に新たなものが与えられるだろう。

新たなものは古いものよりもずっといまの必要性を満たしてくれるはずだ。こうして「無限の善」の豊かな宝物が手に入るだけでなく、わたしたちを通してその豊かさが他の人へと伝わっていくことにもなる。

聖人はいかにして聖人となったか

ここまでわたしは、自分自身の理性と洞察力をもとにして述べてきたし、大切な真実を説明しようと努力してきた。インスピレーションに満ちた教えであっても、他の人の教えを土台にすることはしなかった。

これからしばらくは、世界の偉大な思想家やインスピレーションに満ちた教師たちの考えや教えという観点から、同じ偉大な真実を見ることにしよう。

思い出していただけると思うが、本書でお話ししてきたのは、わたしたちが「無限の生命」とひとつであると身にしみて悟り、意識すること、そして自分を開いて「無限の生命」の流れを充分に受け入れることが人生でいちばん大切だ、ということだった。

わたしと「父」はひとつである、とイエスはいった。この言葉から、イエスが父の生命と自分がひとつであることを悟っていたことがわかる。

またイエスは「わたしがあなたがたにいう言葉は、わたしが自分から話しているのではなく、わたしのうちにおられる父が、ご自分のみわざをしておられるのである」ともいった。

この言葉から、イエスが自分自身は何もしていない、ただ「父」とともに行っているのである、と明確に意識していたことがわかる。

また、「父」が働いておられ、わたしも働いている、ともいっている。いい換えれば、「父」がパワーを送り、わたしはそのパワーに自分を開き、そのパワーとともに働いている、ということだ。

またイエスは、神の王国とその義とをまず第一に求めなさい、そうすればそれに加えて、これらのものはすべて与えられる、といった。この言葉が意味するところを、イエスは疑問の余地なくはっきりと示している。

あちらを見たりこちらを見たりすることはない、天の王国はあなたのなかにあることを知らないのか、とイエスはいう。イエスの教えによれば、神の王国と天の王国は同じひとつのものである。

それならば、天の王国がわたしたちのなかにあるという教えは、いい換えれば、父の生命と自分がひとつであることを悟りなさいという意味であることがはっきりとわかる。

父の生命とひとつであると悟れば、王国が見つかる。王国が見つかれば、他のすべてのことは自然についてくるのだ。

放蕩《ほうとう》息子の話も、イエスのこの偉大な教えを美しく物語っている。放蕩息子は幸福と喜びを求めて肉体的な意味であらゆる領域をさまよい、すべてを使い果たしたあと、そんなことでは満たされない、動物のレベルに落ちるだけだと気づき、わたしは立って父のもとへ行こう、という。

いい換えれば、放浪の果てに、ついに彼自身の魂がおまえはただの動物ではない、と語りかけたのだ。おまえは父の子だ。立って、その手にすべてをもっている父のもとへ行きなさい、と。

さらにイエスはいう。地上の誰も父と呼んではならない。あなたの父は天におられる方だけだから、と。ここでイエスは、真の生命は神の生命に直結している、と認識している。

父親や母親はわたしたちが住む家である身体を与える役目をするが、真の生命は「無限の生命の源である父なる神」から来ているということだ。

ある日イエスは、母親と兄弟が話したがって外に来ている、といわれた。するとイエスは、わたしの母とは誰か、兄弟とは誰か、といった。天におられる父のみこころを行う者はみな、兄弟、姉妹であり、母である、と。

多くの人たちは、わたしたちが関係と呼ぶ絆に縛られている。だが真の関係は血縁のつながりとは限らないことを覚えておくほうがいい。真に関係がある人とは、心、魂、スピリットの面で最も近しい人だ。

いちばん近い関係者は、あるいは地球の反対側に住んでいる人、まだ一度も会ったことがなくても、つねに作用し続けてけっして間違うことのない引力の法則によって、この世か別のかたちの生命（人生）で引き合う人かもしれない。

地上の誰も父と呼んではならない、父は天におられる方だけだから、と命じたとき、イエスは「父である神」という偉大な概念の基礎をわたしたちに与えた。神がすべての人の父であるなら、人間は兄弟だということになる。

だが、ある意味ではさらに高い考え方がここにはある。**つまり人間と神はひとつであり、したがって全人類はひとつであるということだ。**

この事実をわたしたちが認識すれば、「無限の生命」とひとつであることを悟り、神への道を歩む一歩一歩が、全人類をその認識へと引き上げ、神への歩みを促す助けになると気づくはずだ。

イエスはまた「あなたがたは幼子のようにならない限り、天の王国へは入れない」といったが、これも、「無限の生命」とわたしたちの真の関係を指摘している。

さらに「人はパンだけで生きるのではなく、神の口から出る一つひとつの言葉によって生きる」といったとき、イエスはわたしたちが考えるよりはるかに重大な真実を述べていた。

ここでイエスは、肉体的な生命ですら物質的な食べ物だけでは維持できない、「無限の源」とのつながりが肉体の構造や活動の条件まで大きく左右する、と教えている。

心の清らかなものは幸いである、神を見るであろうから。いい換えれば、宇宙全体で神だけを認識する者は幸いである、その人たちは神を見るであろうから、ということだ。

インドの偉大な賢者マヌは、魂によってすべての存在のなかに「最高の魂」を見る者、そしてすべてに対して平静である者は最高の祝福を得ると述べた。アタナシウスは、わたしたちは肉体をもって歩き回る神になれるかもしれない、といった。ブッダとなったゴータマの生涯と教えにも同じ偉大な真実が貫かれている。人々は縛られている、なぜなら「我」という考えを捨てられないからだ、とゴータマはいった。

個がばらばらであるという考え方を捨てて、自分と「無限」とがひとつであると悟ること、それがゴータマの教え全体に息づいているスピリットである。

中世の神秘家すべての人生を貫いているのも、神との一体というこの同じ真実だ。もう少し現代に近いところでは、非常に鋭い洞察力をもっていたエマヌエル・スウェーデンボルグがいる。彼は聖なる流れと呼ぶものについて偉大な法則を指し示し、どうすればその働きに向かって充分に自分を開くことができるかを語った。

フレンズ教会の宗教と信仰の中心は内なる光で、人間の魂が神に向かって開かれている度合いに応じて、魂のなかの神が直接に語る、ということだ。

インスピレーションが豊かで洞察力にすぐれたある人は、わたしたちとともにコンコードで暮らしていたとき、偉大な真実を語った。わたしたちはみな、生命の海に向かって開かれた入り江である。自分を充分に開いて流れを受け入れれば、インスピレーションが得られるのである、と。

法則を知った者だけが進める道がある

世界史を通じて、真の智恵とパワーの領域に、したがって真の平和と喜びの領域に達して、より高いパワーと調和して生きた人々がいた。

ダヴィデは傑出した能力のある勇者で、神の声を聞いて彼の魂は神への崇拝と賛美におののき、その高い導きに従って生きようとした。それができないときには必ず、彼の魂は苦悶《くもん》し慟哭《どうこく》している。

同じことはすべての国、すべての民族にいえる。イスラエル人が神を知って、その導きに従ったときには、繁栄し、満たされ、力強く、彼らの前に立ちふさがる者は誰もいなかった。だが彼らが自分たちの力だけに頼り、その力の源である神を忘れたとき、征服され、奴隷になり、絶望したのである。

真実の底にある不変の偉大な法則は、神の言葉を聞いて実行するものは祝福されるということだ。あとはすべて、そこから生じる。より高い光に従って生きれば、その度合いに応じて、わたしたちは賢くなる。

世界史のなかのすべての預言者、賢者、救世主は、まったく自然なプロセスでそうなり、その結果としてパワーを得た。すべてが「無限の生命」とひとつであることに気づき、それを実行した。

神は人を分け隔てしない。初めから預言者や賢者、救世主をつくるわけではない。神は人間をつくる。だが、ときどき真の自分に気づき、自分の生命と「源」とがひとつであると気づく人が現れる。

その人は「源」とひとつである生命を生き、それによって預言者、賢者、救世主になる。神は人種や国を分け隔てしない。民族を分け隔てしない。だがときどき神を尊敬し、選ばれた民族として生きる民族や国が現れる。

とくに奇跡が起こる時代や場所があるわけではない。わたしたちが奇跡と呼ぶ出来事は、条件さえ整えばすべての時代にすべての場所でいくらでも起こる。奇跡を律する法則が尊重される場合には、過去に起こったように現在でも起こっている。

勇者は神とともに歩むといわれるが、「神とともに歩む」という言葉のなかに「勇者」の秘密がある。原因があって、結果があるのだ。

主はけっしてとくに誰かを繁栄させることはないが、主を知ってより高い法則に則《のっと》って生きる人は繁栄するのだ。

ソロモンは好きなものを選ぶ機会を与えられた。彼は賢明に判断し、智恵を選んだ。智恵を選んだとき、彼は他のすべてがそこに含まれていることを知った。

神はファラオの心を頑《かたく》なにした、といわれる。だがわたしは信じない。神は誰の心も頑なにはしない。ファラオ自身が自分の心を頑なにして、神を非難したのだ。

ファラオが心を頑なにして、神の声に逆らったとき、災厄が訪れた。これも原因があって、結果があったのだ。

逆にファラオが神の声を聞いていたら、いい換えれば自分を開いて神の声に従っていたら、災厄は訪れなかっただろう。

わたしたちは自分の最善の友になることも最悪の敵になることもできる。自分のなかの最高、最善のものと友だちになれば、すべての友だちになれる。自分のなかの最高、最善のものの敵になれば、その度合いに応じて、すべての敵になる。

より高いパワーに向かって自分を開き、そのパワーが自分を通じて現れるようにすれば、その度合いに応じて、わたしたちのなかのインスピレーションの働きによって仲間である人々の救い手になれるし、そうすることで、わたしたちはみなお互いの救い手になれる。

それによって、わたしたちは世界の贖《あがな》い手の一人になれるだろう。

すべての宗教に共通する真理

わたしたちがここで考えている偉大な真実は、すべての宗教に共通の原理である。どの宗教にもこの共通の原理が見られる。これについては、みんな一致しており、宗教が違ってもすべての人々が一致できる偉大な真実なのだ。

人はいつも小さなことを巡り、とるにたりないことに関する個人的な意見の違いで争っている。だが、偉大で基本的な真実の存在の前ではひとつになる。

その偉大な真実はすべてを通っている糸である。争いをするのは低い自分（ローワー・セルフ）であり、一致するのは高い自分（ハイアー・セルフ）なのである。同じ土地で争い合っている党派があっても、その土地を洪水や飢餓や悪疫が襲えば、小さな個人的な違いはまったく忘れられて、全員が肩を並べて重要な大義のために協力する。

つねに変化していく自己は争うが、永遠の魂である自己は愛と奉仕という最高の努力のなかで団結する。

愛国心は美しい。自分の国を愛するのはけっこうだ。だが、なぜ自分の国を他の国以上に愛さねばならないのか？　わたしが自分の国を愛して他の国を憎むなら、自分の限界をさらけ出すことになる。

そのような愛国主義では、自分の国すら愛しているとはいえない。自分の国を愛し、同じように他のすべての国も愛するなら、そのときわたしは自分の大きさを示すことができる。そのような愛国心なら気高く、つねに信頼できるのである。

神についてわたしたちが一致できること、つまり神はすべての背後に存在する「無限の生命とパワーのスピリット」であり、すべてにおいて、すべてを通じて働いていること、それが生きとし生けるものすべての生命であること、これについてはどんな人もどんな宗教も肯定できる。

この見方については異教徒も無神論者もない。神に関するさまざまな見解については異教徒も無神論者もいるし、それはそれでよろしい！　どれほど熱心で敬虔《けいけん》な人々でも、ふつうの人ならいわれたくないようなことを神に押しつけているものだ。

そういえば、なぜ神がわが子に対して怒りをもつのか、嫉妬するのか、復讐《ふくしゅう》するのかわからない、と思う人は納得するだろう。怒りや嫉妬や復讐心を抱く人はどこでも尊敬されないのに、それでもわたしたちは神が怒りや嫉妬や復讐心を抱くと考えようとするのだ。

真の宗教にとって、真剣で真面目な異教徒は最も偉大な友人の一人だ。異教徒は神の偉大な奉仕者の一人であり、人類への真の奉仕者の一人だ。
キリストはそれまでの世界で最も偉大な異教徒だった。それまでに確立されていた正統派の教義や信念にはまったく縛られなかった。キリストは比類なく普遍的な人だった。

洗礼者ヨハネは私人の面が強かった。ヨハネは決まった衣服をまとい、決まった種類の食べ物を食べ、特定の秩序に従い、特定の地域で暮らし、教えた。ヨハネ自身が、キリストはますます豊かになり、自分は細っていくことを認識していた。

一方、キリストは自分にまったく限界を課さなかった。何ものにも縛られなかった。キリストは完全に普遍的であり、その結果、キリストの教えはその時代だけでなく、すべての時代に通じる教えとなった。

すべての宗教は同じ源から発している

わたしたちが一致して人間生活の偉大な中心的な事実と考えるこの力強い真実、

それはすべての宗教に共通している。

この真実がわたしたちの暮らし全体にゆきわたれば、小さな違いや心の狭い偏見や、その他笑い捨てればいい無意味なことはみな消えて、ユダヤ人はカトリックの聖堂で祈り、カトリック教徒はユダヤ教のシナゴーグで、仏教徒はキリスト教の教会で、キリスト教徒は仏教徒の寺院で祈ることができるだろう。

みんなが同じように自分の家の炉辺で、山腹で、あるいは毎日の仕事に励みつつ、祈るだろう。**真の信仰に必要なのは神と人間の魂だけだからだ。**それは時代や季節や場所を選ばない。**飾らない篤実な人はいつでもどこでも神と出会うだろう。**

これは誰もが合意できる普遍的な宗教の基本原理である。これは永遠の偉大な事実である。全員が合意できないことはたくさんある。そういうことは私的なことであり、本質的ではないことであり、時とともに消え失せていくことだ。

この偉大な真実がわかっていない人は、たとえばキリスト教徒なら「キリストはインスピレーションを受けた人ではないのか?」と聞く。そのとおり。だが、キリストだけがインスピレーションを受けたのではない。

仏教徒なら「ブッダはインスピレーションを受けた人ではないのか?」と聞く。

そのとおり。だが、ブッダだけがインスピレーションを受けたのではない。

キリスト教徒は「キリスト教の聖書はインスピレーションを受けているのではないか?」と聞く。そのとおり。だが、他にも聖なる書物はある。

バラモンや仏教徒は「ヴェーダはインスピレーションを受けているのではないか?」と聞く。そのとおり。だが、他にも聖なる書物はある。

あなたがたの間違いは自分たちの聖書を信じることではなく、他にも聖なる書物があると理解できないことであり、その過ちによって笑うべき限界を露呈している。

聖なる書物、神の息吹がこもった書物はすべて同じ源、すなわち神から発している。神は、神に向かって自分を開いた人々の魂を通じて、語っている。それらの人々は、神が自分たちを通じて語るようにと自らを神に向かって開いたのだ。

神の息吹であるインスピレーションを多く受けている人もそうでない人もいるだろう。それは、当人がどこまで聖なる声に自分を開いているかの度合いによる。

インスピレーションを受けたヘブライの聖書の著者の一人はいう。智恵とは神のパワーの息吹であり、その息吹はあらゆる時代を通じて聖なる魂に入って、その人々を神の友人、預言者にする、と。

「無限の神」が一握りの「神の子」に、地球のほんの小さな場所に、特定の時代にしか現れないと考えるような、小さな限界に閉じこもった偽善者になってはいけない。神の働きはそのようなものではない。

神はけっして人を分け隔てしない、これが真実だとわたしは思うし、キリスト教の聖書にも、どの民でも神を敬い、正しいことをすれば神に受け入れられると書かれている。

この真実をよくよく理解すれば、人がどのような形式の宗教を信じるかはたいした違いではなく、その宗教の大切な原理にどこまで真実であるかのほうが、ずっと大きな違いであることがわかるだろう。

自分を愛するのではなく真実を愛するなら、その度合いに応じて、他人を特定の宗教に改心させようという気は起こさなくなり、その人その人にいちばん合った道を通じて真実に到達できるよう助けたいと考えるだろう。

わたしたちの師の教えは誠実な心に尽きると中国人はいう。よく考えれば、これは偉大な師という名に値するすべての人々の教えに共通だと気づくはずだ。

偉大な基本原理については宗教はすべて同じだ。それぞれがどんなふうにその原理を展開するかによって、細かいところが違うだけなのだ。

ときどき、あなたの宗教は何ですか、と聞かれることがある。何の宗教か？　だって、宗教はひとつしかない。「生きた神の宗教」だけだ！

もちろん解釈する人が違えば同じ宗教でも違った信条が生まれるが、そんなことはたいしたことではない。魂が大きく開かれれば、そんな小さな違いは重要ではなくなる。もちろん、いわゆる宗教といわれるものはいろいろある。だが、実際には宗教はひとつしかない。

この偉大な真実を忘れたとき、わたしたちは真の宗教の大切な真のスピリットから離れ、限界のなかでかたちに縛られることになる。そうなれば、自分のまわりに塀を築いて他人を入れなくなり、同時に自分も普遍的な真実に気づけなくなる。普遍的でないもので真実の名に値するものはない。

宗教はひとつしかない。「どの道をとろうとも、あなたに通じる大道につながります」とペルシャの聖なる書物の著者はいう。「神が敷かれた絨毯《じゆうたん》は広く、神がそれに与えられた色合いは美しい」。

純粋な人はすべてのかたちの信仰を尊重すると仏教徒はいう。「わたしの教えは身分も貧富も区別しない。空のようにすべての人の上に広がり、水のようにすべてを洗う」。

心の広い人は違う宗教の同じ真理を見抜くが、心の狭い人は違いだけを見る、と中国人はいう。

ヒンズー教徒は「心の狭い人は『この人は他郷の人か、同じ部族か？』と聞く。だが心に愛を抱いている人にとっては、全世界がひとつの家族だ」といった。

「祭壇の花はさまざまでも、礼拝はひとつである」「天国にはたくさんの扉があり、人はそれぞれの道を通って天国に入る」「わたしたちはみな、神の子ではないのか？」とキリスト教徒はいう。

「神はひとつの血ですべての国をつくられ、地上に住まわせた」と現代の預言者はいう。「『父』は人の魂にとって価値あることを昔、明かされた。いまの時代の人の魂にとって価値あることはいま明かされる」。

喜びにあふれた真の宗教を創出しよう

「わたしは夢を見た。石をひとつずつ積み重ねて聖なる教会堂をつくる夢を。寺院でもなく、パゴダでもなく、モスクでもなく、教会でもない、ただ高々としてシンプルで、天の息吹を受けた人々すべてにつねに扉が開かれていて、真実と平和と愛と正義がやってきてそこに住まう教会堂だ」といったのはテニソンだ。

真の意味での宗教は、人間の魂が知るなかで最も喜びにあふれている。真の宗教が実現したとき、わたしたちはそれが平和を、喜びを、幸せをもたらすのであって、けっして陰鬱な悲しみをもたらしはしないことに気づくだろう。

そのとき、宗教はすべての人にとって魅力あるものとなり、誰も嫌ったり遠ざけたりしないだろう。

わたしたちの教会がこの偉大な真理をつかみ、人々が真の自分自身に気づくように仕向け、「無限の神」との関係を、また「無限の神」とひとつであることを教えることを目標にして、時間を費やすようになることを願う。

そうすれば人々は喜びにあふれて教会に押しかけ、壁もはちきれんばかりになり、喜びの歌がつねに流れ出して、すべての人々が宗教を愛し、日常生活に生かし、宗教は真に不可欠のものとなるだろう。

人々の人生にふさわしいか、いまここでの日常生活にふさわしいか、それで真の宗教かどうかがわかる。このテストに合格しなければ、それは宗教ではない。わたしたちは日常的な、いまの世界の宗教を必要としている。宗教でないものにかかわる時間は浪費された時間よりももっと悪い。

訪れる日々という短い期間の生命を大切に生きれば、わたしたちがいま生きている永遠の生命をもっと愛することになる。それができなければ、すべてに失敗する。

最高の豊かさを実現しよう

ではそれを実現するには、具体的にどうすればいいのですか、と聞く人がいる。たしかにそこにある事実は最も美しい真実だが、どうすればわたしたち自身がそのようなすばらしい結果を実現できるのか？

その方法は、難しいものではない。わたしたち自身が難しくしない限りにおいては。いちばん重要な鍵は「開く」という言葉だ。**あなたが自分を開くのを待って流れ込もうとしている聖なる流れに、理性と心を開くこと。**これは山の水源地にある水が下の野原に流れる水門を開くようなものだ。

水門さえ開けば、水は自然に流れ下って野原を潤す。わたしたちが「無限の生命とパワー」に向かって自分を開くのも同じだ。

これまでの話でおわかりと思うが、「無限の生命とパワー」とわたしたちとの関係さえわかれば、あとはただ「『無限の生命とパワー』との一体化を実現しなさい」というだけだ。理性と心を開いて受け入れる姿勢、それがまず必要だ。次は心から真摯《しんし》に求める気持ちである。

毎朝、身体的な感覚を通じて入ってくるものに乱されない静かな沈黙のなかで数分間過ごすのも役立つだろう。自分と神だけで過ごす静かなひとときのなかで、受け入れる姿勢ができる。

「無限の生命とパワー」と自分の魂との一体化が実現するようにと、穏やかに、静かに、そして期待をもって願おう。その一体化が実現したときには、心にそれが現れ、そこから身体のすみずみに広がっていくのがわかるだろう。

さらにあなたが自分を開く度合いに応じて、静かで安らかな明るいパワーが身体と魂と心を調和させ、次に全世界と調和させてくれるのがわかる。そのときあなたは山の頂上にいて、神の声が語りかける。あとは山を下りるときも、実現した一体化をそのままもち続け、その一体化のなかで生きる。

目覚め、働き、考え、歩き、眠る。こうすれば、いつも山の頂上にいなくても、頂上で感じた美とインスピレーションとパワーのすべてを生き続けることができる。そのうち、忙しいオフィスやにぎやかな通りにいても、自分の考えで自分を包んで沈黙のなかに入り、あらゆるところで「無限の生命、愛、智恵、平和、パワー、豊かさのスピリット」が守り、指針を示し、導いてくれるのを感じられるようになる。

これが常なる祈りのスピリット、絶え間なく祈り続けるということだ。神を知り、神とともに歩むということ、内なるキリストを発見することだ。新しい誕生、第二の誕生である。第一は自然な誕生、第二はスピリチュアルな誕生。こうして古い人間であるアダムが押しやられて、新しい人間であるキリストが登場する。

どんな信念や信仰をもっていようとも、救われて永遠の生命を得ることだ。神を知ることは、永遠の生命なのだから。

「いつかやがて」その日が来ると「信じて仰ぎ見る」賛美歌は過去のものになり、「いま美しい永遠」を仰ぎ見るという新しい歌が生まれるだろう。

すべての瞬間を神とともに歩む

わたしもあなたも、そう願って意志をもてば、毎日、毎時間、毎分、この一体化を実現することができる。そして正しい方向へ顔を向けさえすれば、この輝かしい一体化が完全に実現するのは時間の問題だ。

山のほうを向いて旅をすれば、足取りが速くても遅くてもやがては山に行き着く。

だが正しい方向を向いて出発しなければ、目的地には着けない。
ゲーテはいった。

あなたは心から願っているのか？
この瞬間をつかみなさい
できることを、あるいはできると夢見ることを始めなさい
勇気は才能、パワー、魔法だ
始めさえすれば、心は熱くなっていく
始めなさい。そうすれば仕事は完成する

ゴータマ・シッダルタという青年は、わたしは真実に目覚め、目的を実現しようと決意した、といった。わたしはブッダになる、と。その決意が彼に悟りを開かせ、この世で涅槃《ねはん》を実現させた。

誰でもいまここで悟り、同じことを実現する可能性がある——それが彼の教えだ。

そのために彼は大勢の人にとって光の担い手になった。

イエスという青年は、「わたしが必ずわたしの父の家にいるのを知らなかったのですか？」と尋ねた。この言葉によって、彼は「わたしと父はひとつである」ことを自分の生涯の偉大な目的とし、それを完璧に実現した。彼はこうしてこの世で天の王国を完全に実現することができた。

誰でもいまここで悟り、同じことを実現する可能性がある——それが彼の教えだ。そのために彼は大勢の人にとって光の担い手になった。

現実的なことというなら、広い宇宙全体を探してもこれ以上に現実的な指示は見つからないだろう。まず神の王国と義を求めよ、そうすればあとのことは自然にやってくる。

そして過去についていうなら、真実に向かって自分を開いた誠実な人で、その真実がよってたつ原因と偉大な法則を把握できなかった人は誰もいない、とわたしは思う。

わたしは個人的にも、「無限の生命」との一体化を実現し、聖なる指針に完全に自分を開くことを通じて神の王国に入った人たちを知っている。この人たちはこの偉大で大切な真実の現実性を示す具体的なすばらしい実例である。

この人たちの人生は、大まかな方向だけでなく、細かいことまですべて、その真実に導かれており、まさに「無限のパワー」とひとつに生き、調和して、いつも天の王国を実現している。

この人たちはすべてにおいて豊かだ。けっして欠けるものがなく、求めるだけのものがつねに与えられているように見える。何をどのようにすればいいかについても、いっさい戸惑うことはないらしく、心配や苦労なしに暮らしている。

心配や苦労がないのは、高いパワーがいつも導いてくれるという事実を意識し、自分は責任を免れているからだ。

この人たち、とくにいまわたしの心に浮かんだ二、三人の人生を詳しく見ていけば、奇跡とはいわないまでも信じられないと思う人がいるにちがいない。だが**一人の人生に可能なことは、すべての人生に可能だということを思い出そう。**

これは自然で正常な生き方であり、より高い法則を実現し、調和して生きるようになった人なら誰でも毎日そういう生き方ができるのだ。

それは宇宙を通じて流れている神聖な流れに単純に身を委ねるということで、その流れに身をまかせてしまえば、人生はけっしてつらいものではなくなり、星が軌道を巡るように、季節が来ては去るように、毎日が自然に流れていく。

無限の生命を調和すれば真実の人生が開ける

人生の摩擦や不安定、病気や苦しみ、恐怖、怯《おび》え、当惑などは、わたしたちが聖なる秩序と調和していないためにやってくるものである。生き方が変わらない限り、それらはやってき続けるだろう。

潮に抗して舟を漕いでいれば大変だし不安定だが、潮に乗っていれば、自然の力を利用することができ、楽でかつ安全だ。

「無限の生命とパワー」と自分がひとつであることを意識し、その一体化を実現することとは、聖なる流れに乗ることだ。そうすれば「無限」と調和し、すべてと調和し、天国の生命と調和し、宇宙のすべてと調和する。

何よりも自分自身と調和できるので、身体と魂と心が完璧に調和する。そして、人生は完璧に満たされる。

そうなれば、五感に支配され、奴隷にされることはなくなる。身体は精神に支配されて従属し、精神はスピリチュアルな光に支配され照らされ続ける。

そのとき、人生はいま大方の人が送る人生のように貧しく偏ったものではなくなり、身体と精神と魂がすべて調和した欠けるところのない美しい人生が実現して、喜びとパワーがますます充実していく。

そしてわたしたちは、禁欲主義でも放蕩《ほうとう》や背教でもない中庸こそが人生の偉大な答えだと気づくのだ。すべてが使われるためにあるが、しかし充分に享受するためには、すべてが賢く使われなければならない。

より高い法則を実現して生きれば、五感は無視されるのではなく、さらに豊かに磨き上げられる。身体は重く鈍くなるのではなく、形質ともに繊細に美しくなり、すべての感覚は鋭くなり、自分でも気づかなかったパワーがだんだんに開発される。

こうして完璧に自然で正常な方法で意識を超えた領域に入ることができ、そこではより高い法則と真実が明かされる。その領域に入れば、わたしたちはこの人にはほんとうに洞察力やパワーがあるのだろうかと推測して時を費やしたりはせず、自分で見抜けるようになる。

また、誰かから聞いた言葉に従って人々を導こうとする人たちの仲間には入らず、自分で知っていることを話すようになる。

権威をもって話せるのは自分が知っていることだけであり、世の中には自分で実際に生きて悟らなければわからないことがたくさんあるのだ。「神の意志を行おうとする者なら、この教えがわかる」。

プロティノスは「神を見たいと思う者は自分自身が神にならなければならない」といった。そうすればより高い法則と真実が明かされて、わたしたちは真実を悟り、さらに私たちを通じて他の人々に真実が明かされるようになるからだ。

このより高い目覚めとともに訪れる可能性を充分に生きれば、どこへ行っても交わる人々にインスピレーションを分かち与えることができ、インスピレーションを与えられた人々は同じ種類のパワーに火がつくのを感じるだろう。**わたしたちは自分の人生に作用している法則と同じものの影響をいつも人々に与えている。**ちょうど花々がそれぞれの香りを漂わせているようなものだ。

バラはその香りを空中に発散し、バラに近づく者はみなバラの魂から発する香りに触れてインスピレーションを得、生き返る思いをする。

毒草はいやな臭いをまき散らす。その臭いはインスピレーションも与えず、人々を元気にすることもない。それどころか、長くそばにいれば、不快さのあまりに病気になってしまうかもしれない。

人生が気高くなればなるほど、その人生がつねに他の人々に向かって送り出しているインスピレーションも助力も多くなる。人生が低劣ならば、触れ合う人々に有害な影響を与え続ける。どちらもそれぞれの雰囲気をつねに放散し続ける。

インド洋を航行する船員たちは、ある島々に近づくと、島が見えるよりはるか前に、遠くまで海原を漂ってくるビャクダンの香りでそれとわかるという。

どこへ行っても身体を通じて微妙な静かな力を発するような魂、その影響をみんなが感じるような魂をもつことが、どれほど有益なことかおわかりだろう。そうなれば、いつもインスピレーションをもち歩いて、どこへ行っても祝福を振りまくことができる。

友人知人はみな、その人は平和と喜びを携えて訪れるといって歓迎するだろう。道を歩けば、疲れた人、不安な人、病気の男女までが聖なるものに触れたと感じ、新しい欲求と生命が目覚めるのを感じるだろう。そばを通りすぎると、ウマまでが不思議に人間的な憧《あこが》れのまなざしでこちらを見返すだろう。

人間の魂は聖なるものに照らされて清らかになると、そのような精妙なパワーを発揮する。いまここでそのような人生が可能だと知れば、沸き立つような喜びの歌があふれるだろう。そのような人生が実現したとき、ある人はこう歌った。

ああ！　わたしは偉大なる永遠のなかに立つ
すべてが清らかだ
わたしは天のマナを食べ
天の美酒を飲む

輝く虹のきらめきのなかに
わたしは父の愛を見る
赤とブルーと金色の
渾然《こんぜん》とした光を見つめる

色鮮やかな小鳥が歌い
美しい花々が咲き乱れ
優しい香りが漂う
祝福の甘い香水のように

華やかに輝き始める暁のなかで
艶《なま》めく豪奢《ごうしゃ》な夜のなかで
ああ！　わたしの魂は歓喜に酔いしれ
この世の感覚のすべてを忘れる

「無限の生命とパワー」とひとつであると充分に意識して、その一体感をつねに生き続けるとき、あとのことはすべて自然に起こる。そして「無限のパワー」とのつながりを得た人生だけが知ることのできるすばらしさや美や喜びが実現する。

これは地上にいながら、天の豊かな宝庫を実現することだ。地上に天国を実現すること、いや地上を天国に引き上げることだ。

弱さと無力さを強さに、悲しみやため息を喜びに、恐怖や怯えを信念に、憧れを現実に変えることだ。完全な平和とパワーと豊かさを実現することだ。これが「無限と調和して」生きるということなのだ。

おわりに——絶え間なき繁栄への道

わたしたちがしつこくそう仕向けさえしなければ、人生はそう複雑なものではない。わたしたちは結果や影響を受け入れはするが、あまり原因を考えてみようとしない。**人生の原動力のすべては内側にある。**これは普遍的な真実であり、内側がそうだから外側もそうなるのだ。

わたしたちが気をつけて探そうとすれば、わたしたちを安らかに安全に胸に抱きとってくれる聖なる流れがあることがわかる。自然で正常な暮らしは本来スピリットに導かれた聖なるものである。

知力も身体も超えた不思議な力がある。活動し考えている知性の一部ではない能力が、わたしたちにはあるのだ。その能力は、活動し考えている知性のどんな働きをも超越している。

その力や能力を通して、直感や衝動や導きがやってくる。それらは運がよければ与えられるというものではなくて、ふつうにいつもあるはずの正常なものなのだ。

その不思議な力に作用し、その力を律している「法則」をわたしたちがもっと理解すれば、直感や衝動や導きはふつうのものになる。

宇宙のすべて、人間の暮らしのすべてにかかわることがそうであるように、ここでもすべては法則に、つまり因果律という基本的な法則に支配されているからだ。最高の知性、創造力は法則に則《のっと》ってのみ働く。人生がその法則あるいは条件に合った状態になれば、法則が表に現れることができ、人生を支配するようになるので、内なるスピリットあるいは指針が人生を律して導いてくれるのだ。

生命の（人生の）法則を身につけて、それを人々に最高のかたちで明かしてくれた偉大なる師であるイエスは、完全に、そして実践的にその法則を知悉《ちしつ》していた。イエスはそれを自分自身の人生で余すところなく示したばかりでなく、他の人々の共通財産にもなるかたちで明らかにした。

自分の生命（人生）のことを心配するなと、イエスははっきり、繰り返して語った。

イエスはそう指示し、教えたばかりでなく、人生の不安や怯《おび》えや不確実性が消え、力や能力（パワー）にとって代えられるという方法を示してくれた。

その方法はイエスが繰り返し述べた指示あるいは命令に明らかにされている。「まず神の王国と義を求めよ、そうすればあとのことは自然にやってくる」といったとき、イエスは日常生活にふつうに必要なものすべてを指していた。

神の王国を見つけるとは、わたしたちの生命（人生）には聖なる生命が源として宿っており、それこそが本質だと認識するということだ。人の心と行動を聖なる意志と目的に調和させることだ。

人々を低い自己意識から救い出し、高い自己に気づかせることであり、高い自己とは永遠の神、「父」とひとつであるとイエスは教えている。これが実現すれば、考えも行動も目的も日々の営みも——人生のすべてが——高いパターンあるいは高い基準に引き上げられる。

これは詩的なおとぎ話ではなく、基本的な法則を認識するということだ。現代のよく知られた心理学や精神医学、スピリチュアルな科学の法則も明らかに示している。

偉大な師はこういった。「あなたが右に行くにも、左に行くにも、あなたの耳はうしろから『これが道だ、これを歩め』という言葉を聞く」。また、「あなたがたのなかの主は勇者である」。さらに「いと高きほうの隠れ場に住む者は全能者の陰に宿る」と。

偉大な師の生涯についてわかっていることはわずかでも、父とひとつになるために山に登って祈った、と何度も繰り返されている。また偉大な師は必ず、人々がいちばん助けを求めているところ、人々のためにいちばん役立つところへと降りてくる。

毎日しばらくのあいだ静かなところで一人になり、光であり聖なるスピリットの導きである自分の源とひとつになる習慣をつけるといい。

この習慣を積極的に活用して、自分を開いて日々の営みを意識的に聖なる導きに委ね、聖なる導きを信頼し、聖なる力につねに助けられ支えられていれば、迷うことなく方向がわかるし、希望と勇気がわく。

偉大な師の指示に従い、その例にならう者は、誰でも安らぎと力を与えられる。それまで人生は謎だと思っていた大勢の人々も同じだ。その人々は以前はまったく外側だけで生きていたから、そう感じていたのだ。

内なる生命（人生）のより高い力とパワー、心とスピリットの可能性はつねに内側にあり、認識され、実現され、活用されて初めて、外の世界においても価値あるものとなる。

偉大な師の「スピリットの道」、内なる王国の発見には、行き止まりはない。必ず勝利のうちに見晴らしのすばらしい広々とした沃野に、自己中心的でない活動に、英雄的な行いや業績に到達する。

わたしたちが不必要な不安に費やしている時間のほんの一部でも建設的なしっかりした考えに向け、望ましいと思う条件を思い描いて「無言のうちに求め」、そうなると信じれば、まもなく偉大な師が語る空の小鳥のように屈託のない暮らしは事実であっておとぎ話ではないとわかるだろう。それが本来の人生だと、偉大な師は語る。

毎日少しの時間を神とともに静かに過ごし、「無限の源」——わたしたちの源であり生命——とのつながりを保つことは、誰にとってもすばらしい贈り物になるだろう。そして信じる者には必ず比類なく貴重な恵みが訪れる。

人はそれぞれ自分自身の導きに従い、自分自身のやり方をすべきだし、他の人の生き方の処方箋をつくることはできないが、**次のように祈るという方法は参考になるかもしれない。**

無限の生命と愛と智恵とパワーのスピリットよ、わたしはあなたのうちに暮らし、行動し、生きます。どうぞわたしを助け、わたしを通じてあなたをお現しください。わたしが最高の智恵と洞察と愛とパワーに向かって自分を開くよう助けてください。そしてあなたと人々と、生きとし生けるものすべてに、誠実に仕えることができますように。また聖なる指針と守りが与えられ、必要なものがすべて恵まれますように。

「無限の生命と愛と智恵とパワーのスピリット」のなかにいるわたしは強い。わたしには聖なる導きと守りがある。わたしのなかで働いているのは「父なる神」であり、「父なる神」とともにわたしは働いているのだから。

訳者あとがき

ベランダで洗濯物を干していたら、どこからかキンモクセイの香りがしてきた。訳者の住む地方都市は久しぶりの晴天で、青空を映して川面が光り、近くの山は緑が濃く、遠くの山は青緑色にかすんでいる。こんなとき、自分もこの自然の一部で、この自然のなかで生かされているのだなと感じる。

本書の著者トラインは、人間は神とひとつであり、したがってすべての人間はひとつである、という。トラインはキリスト教の世界に生きた人だから、神という言葉を使っているが、トライン自身、この神は特定の宗教の神ではない、と断っている。すべての根源である宇宙、普遍、「無限の生命のスピリット」、それを神と呼ぶ、と。

わたしたちも自然との一体感を味わって、自然の流れに身をまかせるとき、自然を動かしている何かを感じ、「見えないエネルギー」のようなものを得る。都会に住む方々でも、地方に出かけて海や山の大自然に触れたとき、ああ、気持ちがいい、なんだか母の懐に戻ったような気がする、と思われるのではないか。

場所は違っても、文化的な背景は違っても、健康で幸せで安らかな人生を求める気持ちは変わらない。そのためにはどうすればいいのか、宇宙の営みと人間の営み、生命を律している目に見えない仕組みとは何なのかと考えた賢者が得た智恵は、いま生きるわたしたちにも充分にあてはまる。だからこそ、一世紀以上も前に書かれたトラインの本が、いまもわたしたちの胸にずしんと響いてくる。

この本には生きる智恵が、人生とは何か、そこから尽きることのない安らぎと幸せを汲《く》み取るにはどんな生き方をすればいいか、という洞察が詰まっている。

トラインは、「無限の生命のスピリット」と自分が一体であることを悟り、その思いを生きなさいという。外界のノイズに煩わされず、「無限の生命のスピリット」の一部である自分の心を深く見つめれば、答えが見つかる、自分の魂の声に耳を傾けなさいという。

こんなふうに言葉にするのは簡単だが、実践は難しい。私事で恐縮だが、訳者にも、ああ、あの感じだろうなと思い出すことがある。自分で招いたことながら、自分がどうあがいても解決できず、さりとて誰も助けてはくれない、助けられないのだと思ったとき、もうダメだ、自分はひとりぼっちで無力だと思い知らされたときのことだ。

そんな絶望的な思いのなかで、不思議にしんと気分が明るくなった。なんだか、大きな宇宙と自分が直結したような気がした。

しかたがない、この大きなものに身をまかせて生きるしかない、と感じた。たぶん小手先を弄《ろう》し、外的な力に頼ってものごとを動かそうという小賢《こざか》しさが叩《たた》きつぶされて、トラインのいう「無限の生命のスピリット」とつながる自分が感じられたのだろう。

もっとも、わかりが遅くて鈍い俗人、凡人である訳者は、その後も相変わらず下手な智恵を働かせようとして失敗したり迷ったりを繰り返している。だが本書のような智恵と洞察力あふれる書物に触れると、そう、そうだったと思い出す。これまでのささやかな人生に照らして、ほんとうにトラインの言葉は真実をうがっていると感じる。

この本はけっして大部ではないが、読み通すには時間がかかるかもしれない。一気に読むのではなく、ゆっくりと味わいつつ、立ち止まりつつ、考えつつ読むべき本だろう。


たとえばトラインは、思考は力で、心は求めた現実を実現する、という。この言葉に、訳者はふと老母の口癖を思い出した。願うことは叶《かな》うと昔からいうからね、と老母はよくいっていた。わたしたちの先人もその真実には気づいていたのだろう。

だが、トラインはさらにいう。あることを願っているのに、別のことを期待するのは、分裂した家のようなものである、自分が望むものだけを期待するようにしなさい、と。

そうなのだ。わたしたちは、こうなればいい、ああなればいい、と願う。願いはしても、いや、きっとそうはならないだろう、そんなにうまくいくはずがない、と考える。願うこととは正反対のことを期待していることが多い。だから願いは実現しない。願いが実現すると期待するには、強い信念が必要なのだ。

サンマーク出版の斎藤竜哉さんに教えていただくまで、訳者は寡聞にして本書のことを知らなかった。このような実践的、現実的で、かつ深い洞察に満ちた本が、一世紀以上も読み継がれてきたこと、いまも広く読まれていることに、アメリカの底力のようなものを感じる。

そして、日本でももう一度、かたちを新しくして本書を世に送ろうという企画に参加できたことをうれしく思う。斎藤さんにもこの場をお借りしてお礼を申し上げたい。

誰もが願う幸せな人生を実現するために、本書がみなさんのお役に立ってくれますように。

二〇〇四年十月

吉田利子

単行本　二〇〇五年四月　サンマーク出版刊

サンマーク文庫

人生の扉をひらく「万能の鍵」

2015年4月20日　初版発行
2024年3月10日　第5刷発行

著者　ラルフ・ウォルドー・トライン
訳者　吉田利子
発行人　黒川精一
発行所　株式会社サンマーク出版
東京都新宿区北新宿2-21-1
電話 03-5348-7800

フォーマットデザイン　重原 隆
本文DTP　山中 央
印刷・製本　中央精版印刷株式会社

落丁・乱丁本はお取り替えいたします。
定価はカバーに表示してあります。
Printed in Japan
ISBN978-4-7631-6064-5　C0130

ホームページ　https://www.sunmark.co.jp

サンマーク文庫

好評既刊

小さいことにくよくよするな！
R・カールソン
小沢瑞穂＝訳
すべては「心のもちよう」で決まる！　シリーズ国内350万部、全世界で2600万部を突破した大ベストセラー。　600円

小さいことにくよくよするな！②
R・カールソン
小沢瑞穂＝訳
まず、家族からはじめよう。ごくごく普通の人づきあいに対して、くよくよしてしまう人の必読書。　600円

小さいことにくよくよするな！③
R・カールソン
小沢瑞穂＝訳
心のもちようで、仕事はこんなに変わる、こんなに楽しめる！　ミリオンセラー・シリーズ第3弾。　629円

お金のことでくよくよするな！
R・カールソン
小沢瑞穂＝訳
ミリオンセラー・シリーズの姉妹編。「精神的な投資」と「心の蓄財」で人生を豊かにするガイドブック。　600円

小さいことにくよくよするな！［愛情編］
R＆K・カールソン
小沢瑞穂＝訳
くよくよしなければ、愛情は深まる。パートナーといい関係を築く秘訣を伝えるミリオンセラー・シリーズ最終編。　629円

※価格はいずれも本体価格です。

サンマーク文庫

好評既刊

微差力

斎藤一人

すべての大差は微差から生まれる。当代きっての実業家が語る、「少しの努力で幸せも富も手に入れる方法」とは？ 543円

眼力

斎藤一人

「混乱の時代」を生き抜くために必要な力とは？ 希代の経営者が放った渾身の1冊が待望の文庫化。 600円

変な人の書いた世の中のしくみ

斎藤一人

当代きっての経営者・斎藤一人さんの決定版がついに文庫で登場。人生を好転させる大事な大事な〝しくみ〟の話。 680円

「そ・わ・か」の法則

小林正観

「掃除」「笑い」「感謝」の3つで人生は変わる。「宇宙の法則」を研究しつづけてきた著者による実践方程式。 600円

「き・く・あ」の実践

小林正観

「き」＝〝競わない〟、「く」＝〝比べない〟、「あ」＝〝争わない〟。人生を喜びで満たす究極の宇宙の法則。 600円

※価格はいずれも本体価格です。